Hugo Horiot

DER KÖNIG
BIN ICH

Aus dem Französischen von
Bettina Bach

Hanser Berlin

Die französische Originalausgabe
erschien 2013 unter dem Titel
L'empereur, c'est moi bei L'Iconoclaste in Paris.

1 2 3 4 5   19 18 17 16 15

ISBN 978-3-446-24718-5
© L'Iconoclaste, Paris 2013
Alle Rechte der deutschen Ausgabe
© Hanser Berlin im Carl Hanser Verlag München 2015
Satz: Greiner & Reichel, Köln
Druck und Bindung: CPI books GmbH, Leck
Printed in Germany

Für meine Mutter, die mich ein zweites Mal
zur Welt gebracht hat.
Für meinen geliebten Vater, mit meiner Anerkennung.
Für meine Schwestern Hermine und Olivia,
in zärtlicher Verbundenheit.
Und für meine Schwester Rebecca, die die schlimmsten
Wutausbrüche des stummen kleinen Prinzen erdulden
musste, in liebevoller Dankbarkeit.

Für Jean-Jacques Pauvert, meinen ersten Leser,
in Dankbarkeit für seine unschätzbar wertvolle
Unterstützung.

»Aber vergessen Sie nicht dies: Der Träumende muss stärker als der Traum sein. Sonst droht Gefahr.«

Victor Hugo,
Promontorium Somnii,
Vorgebirge des Traums

I Urknall

Zahlen und Buchstaben
in den Sternen

Ich heiße Julien. Julien Hugo Sylvestre Horiot, aber man nennt mich Julien. Ich bin vier Jahre alt und viel zu brav. Wenn mir etwas nicht passt, werde ich wütend. Viel zu wütend. Und dann schreie ich, aber ohne Worte.

Ich spreche nicht.

Ich wiederhole oft immergleiche Gesten. Räder mag ich besonders gerne. Bestimmt, weil die Erde sich um die eigene Achse dreht, der Mond um die Erde und die wiederum um die Sonne. Mein Vater hat mir das erzählt. Aber um was dreht sich die Sonne? Das hat er mir nicht verraten. Vielleicht, weil ich ihn nicht gefragt habe? Aber ich frage sowieso nie was. Ich kenne die Reihenfolge der Buchstaben und weiß sogar, wie man sie zu Wörtern zusammensetzt, das habe ich von meiner Mutter gelernt. Gemeinsam haben wir in meinem Zimmer das Alphabet und die Zahlen an die Wand gemalt. Auch zählen kann ich, sehr weit und rasend schnell. Wenn ich will, kann ich den ganzen Tag im Kopf zählen. Ohne anzuhalten. Aber reden tue ich nicht, nicht mal mit meiner

Mutter. Mein schlimmster Feind, der Einzige, mit dem ich wirklich rede, ist Julien. Aber nur, wenn wir zwei allein sind, ich und er. Ich hasse ihn. Später bringe ich ihn um.

Natürlich weiß ich, dass ich sterben werde.
Das hier geht alles auch ohne mich weiter.
Und dann werde ich nicht wiedergeboren.
Nicht so.

Kurz, ich bin vier Jahre alt und so sieht es also aus.

Die Räder und ich

Die Räder der Spielzeugautos drehen sich. Das Rad am Pflug des Traktors dreht sich. Karusselle drehen sich. Die Erde, die Sonne und die Gestirne drehen sich auch.

Und ich drehe an Rädern. Sooft es geht, von morgens bis abends. Die ganze Welt dreht sich, also mache ich mit. Ich gebe den Pulsschlag der verstreichenden Zeit an. Natürlich weiß ich, dass die Zeit sich nicht beschleunigt, wenn ich schneller drehe. Deshalb behalte ich eine konstante Geschwindigkeit bei. Die Reisegeschwindigkeit. Die, die am besten zu meinem Arm und meinem Körper passt. Bestimmt ist es dieselbe wie die von meinem Puls. Und so schlägt mein Herz in dem Takt, in dem sich die Erde dreht. Der Rest des Universums dreht sich ebenfalls und bildet so das Unendliche, das bestimmt aus lauter Kreisen und Sphären besteht, die sich umeinander drehen und die Bewegung des Lebens erschaffen, Geburt, Tod und Wiedergeburt.

Natürlich weiß ich, dass ich sterben werde.
Das hier geht alles auch ohne mich weiter.
Und dann werde ich nicht wiedergeboren.

Heute haben wir was vor. Meine Mutter hat mir mein seidig schimmerndes weißes Hemd und die blaue Cordhose angezogen. Ich fühle mich wohl. Auf dem Dorfplatz steht ein Karussell … und dreht sich. Noch nie habe ich ein derart großes Rad gesehen. Außer der Erde, aber die ist so riesig, dass man die Drehbewegung nicht spürt. Das frustriert mich maßlos. Ich würde so gern spüren, wie die Erde sich dreht. Ob ich das wohl eines Tages hinbekomme? Ob sie mir ihr Geheimnis verrät? Ich bin vier Jahre alt und weiß immer noch nicht, woraus der Mittelpunkt der Erde besteht.

Niemand weiß das genau. Das ist nicht auszuhalten. Es treibt mich in den Wahnsinn. Geduld!

Ich habe dich lieb, Erde.
Hast du mich auch lieb?
Ich glaube ja.
Ich hoffe ja.
Alles oder nichts!

Nun bin ich in Startposition auf diesem großen Rad. Es ist so weit, ich sitze auf dem Karussell. Es dreht sich. Und ich drehe mich mit. Endlich! Ich betrachte das Spiegelmosaik auf der Säule in der Mitte des Karussells mit den tanzenden Reflexionen von Licht und Bewegung. Dann lenke ich den Blick nach außen; der Rest der Welt zieht vorüber. Endlich bewege ich mich zusammen mit der Erde! Mein Blick kehrt zur Mitte des Karussells zurück und bleibt an der Mechanik der zentralen Achse hängen. Einige Räder drehen sich in der Gegenrichtung und setzen so das Karussell in Gang. Da kommt mir der Gedanke, dass der Mittelpunkt der Erde … Doch genau in diesem Moment nimmt meine Mutter meine Hand und legt sie auf die Mähne des Holzpferdes.

Lass los!

Ich stelle mir gerade wichtige Fragen! Wichtiger als das Holzpferd! Das Holzpferd ist zwar sehr schön, aber ich habe schon eines zu Hause! Genau das gleiche! Es ist mir total egal! Es ist nicht das Holzpferd, was das Karussell in Bewegung versetzt!

Rasch lege ich die Hand wieder an die Eisenstange, die sich ebenfalls bewegt, aber von oben nach unten. Eine gleichmäßige Bewegung, sie gibt den Pulsschlag der Welt vor. So, jetzt bin ich Teil der Bewegung. Wo war ich stehen geblieben … Ach ja! Was, wenn der Erdkern sich nun ebenfalls in der Gegenrichtung dreht? Mein Blick richtet sich wieder nach außen. Ich bin wie der Mond oder einer dieser vielen, um die Erde kreisenden Asteroiden und Satelliten. Mit meinem Mund, der nicht spricht, mache ich ein Motorengeräusch. Dasselbe wie der Traktor. So, jetzt bin ich die Maschine, bin das

Karussell. Die Erde dreht sich in mir und ich mich in ihr. Endlich passiert was!

Wir sind eins.

Plötzlich zerrt mich jemand vom Karussell weg. Der Mann vom Jahrmarkt, der große Mechaniker dieser Welt. Ich fühle mich zerrissen. Ab, zurück in den Buggy. Zurück auf Los. Das Karussell dreht sich ohne mich weiter. Tief in meinem Innern bewahre ich mir diese Empfindung. Die Empfindung der Schwerkraft, der Zentrifugalkraft. Ich habe das Unendliche, die Ewigkeit berührt.

Und eines Tages kehre ich dorthin zurück.

Der Traktor

Zu Hause haben wir einen Traktor. Er ist orange. Mein Vater nimmt mich oft auf ihm mit. Er vibriert und macht Krach, aber es sind so regelmäßige und anhaltende Geräusche, dass sie einem irgendwann nicht mehr auffallen. Auch die Vibrationen sind gleichmäßig, wie bei einer schnurrenden Katze. Ich sitze auf dem Schoß meines Vaters, und mein Vater sitzt auf dem Traktorsitz. Zusammen sind wir der Traktor. Wir zerpflügen die Erde mit dem Einachsschlepper, ziehen Furchen mit der Egge, und ab und zu schneiden wir das hohe Gras auf der Weide mit dem Schlegelmäher. Manchmal steige ich ab und finde einen Ast. Der muss mehrere Gabeln haben, das ist wichtig, sonst funktioniert es nicht.

Und so gehe ich dann übers Feld, ziehe meine kleine Egge hinter mir her und gebe dabei mit meinem Mund, der nicht spricht, ein Traktorengeräusch von mir. Ich bin ein Traktor – ein kleiner zwar, aber trotzdem ein Traktor. Ich ziehe Furchen, schön parallel zu denen meines Vaters. Hin und her, immer wieder, durch den ganzen Gemüsegarten. Es sind winzig kleine Furchen, aber ich weiß, dass ich ihm damit helfe. Ich spreche zwar nicht, bin aber trotzdem bei ihm.

Rohre

Ich mag Rohre. Ihre sachten Töne. Ferne Resonanzen. Unter dem Waschbecken im Badezimmer sind welche. Auch unter der Spüle in der Küche, aber dort ist es zu unruhig, es gibt zu viele Lichter und zu viele Gerüche. Stille, Ruhe, Reglosigkeit sind unabdingbar, wenn man Rohren zuhören will. Abflussgeräusche … Die Rohrleitungen stoßen auf, gluckern oder rauschen leise, obwohl der Wasserhahn des Waschbeckens dicht über meinem Kopf zugedreht ist. Meine Mutter steht neben mir, deshalb weiß ich, dass die Geräusche nicht aus der Küche kommen, sondern von weiter weg. Die Laute, die ich höre, wenn ich das Ohr ans Rohr lege, könnten vom anderen Ende der Welt kommen. Ich will nichts verpassen. Rohre führen immer ganz weit weg. Auch das weiß ich, weil ich sehen kann, wo sie anfangen, aber nie, wo sie aufhören. Oder ist es etwa umgekehrt und die Mündung der Rohre ragt heraus, während ihr Ansatz unsichtbar ist? Diese Annahme finde ich überzeugender, denn das Wasser fließt aus den Hähnen heraus und nicht hinein. Die Quelle muss sehr weit hinter der Wand sein, unter unseren Füßen, vergraben in der Erde.

Die Rohre steigen nicht zum Himmel auf, auch das habe ich festgestellt. Sie führen alle ins Erdreich hinab. Alle Rohrleitungen der Welt sind miteinander verbunden und bilden ein großes Netz. Ich bin mir sicher, dass sich die Rohre, würde man graben, vereinen und dickere Rohre bilden, die noch dickere Rohre bilden und so weiter. Vielleicht verbinden sie sich ja sogar zu einem einzigen gewaltigen, gigantischen und Tausende Kilometer langen Rohr? Und dieses gewaltige Rohr … Wo führt es hin? Bestimmt zum Mittelpunkt der Erde. Ins Innere, so weit wie möglich ins Innere. Ich weiß, dass Bäche zu Flüssen werden, die Ströme bilden, welche ins Meer münden, das sich wiederum in den Ozean ergießt. Ozeane nehmen mehr als drei Viertel der Erdoberfläche ein, wie das Wasser im menschlichen Körper. Wenn ich mir meinen Arm ansehe, sind da Venen, die sich zu dickeren Venen vereinen. Das alles hat mein Vater mir erzählt. Er ist Arzt, ich weiß, dass er schon das Innere von Menschen gesehen hat. Er hat mir auch gesagt, dass innen drin der Darm ist. Vor allem im Bauch. In der Mitte.

Darm – Rohr. Beide sind hohl, in beiden fließt etwas. Und in unserem Körper kommt alles im Bauch zusammen, in der Mitte, wie bei den Rohren, die in die Erde hinabführen. Logisch. Die Menschen und die Erde bestehen aus demselben Material: aus Sternenstaub. Auch das hat mein Vater mir erzählt. Meine Mutter hat mir gesagt, dass ich vorher in ihrem Bauch war, in der Mitte. Wie alle Kinder. Ich möchte dorthin zurück, aber dazu bräuchte ich ein Rohr in der richtigen Größe oder ich müsste ihr den Bauch aufschneiden, doch das würde ihr sehr weh tun und sie würde sterben. Also habe ich keine Wahl. Ich muss zum Mittelpunkt der Erde.

Im Hof vor dem Haus gibt es einen Brunnen. Manchmal steigt mein Vater hinunter, um Wasserhähne auf- oder zuzudrehen. Ich kann dort nicht hin, weil der Brunnendeckel aus Metall ist, er ist zu schwer für mich. Außerdem stehen die Sprossen, die im Inneren hinunterführen, zu weit auseinander. Ich könnte einfach in den Brunnen springen, aber dann würde ich ertrinken. Dabei darf ich auf keinen Fall sterben, bevor ich mein Ziel erreicht habe. Das kommt nicht in Frage. Versagen ist undenkbar.

Im Wald hinter unserem Haus gibt es Grotten. Sie haben keine Gänge; es sind keine natürlichen Höhlen, sondern von Menschen ausgeschachtete Grotten. Früher dienten sie als Kühlraum. Mein Vater hat mir oft von seinen Höhlenerkundungen erzählt. Das war, als er noch unter die Erde hinabstieg. Er ging sehr weit hinunter, sehr tief. Er hat von Schluchten erzählt, von Gängen, von unterirdischen Flüssen. Auch von Kathedralen unter der

Erde. Eine hat er sogar selbst entdeckt, doch sie wurde nicht nach ihm benannt, sondern nach seinem Freund, der nie wieder an die Erdoberfläche zurückkam. Mein Vater hat mir auch seltene Steine gezeigt, die er aus der Tiefe mitgebracht hat. Doch trotz seiner vielen Reisen in die Eingeweide der Erde hat er den Mittelpunkt, den Kern, das Zentrum nie finden können.

Mein Vater ist auf Reisen. Er hat keine Zeit, mich unter die Erde mitzunehmen. Außerdem geht er gar nicht mehr dort hinunter. Und selbst wenn er mich eines Tages mitnehmen sollte, würde er mich doch bloß vor allen Gefahren bewahren wollen und wir würden am Ende wieder an die Oberfläche steigen, bevor wir unser Ziel erreicht hätten. Ich bin noch so klein, wie soll ich es bloß anstellen? Warten, bis ich groß genug bin?

Das dauert mir alles viel zu lange. Meine Entscheidung ist gefallen.
Dann muss ich eben in Mamas Bauch zurück.

Ich will meine Mutter nicht töten und ihr auch keine Schmerzen zufügen, indem ich ihren Bauch aufschneide, deshalb muss ich wieder winzig klein werden. Also esse ich nichts mehr oder besser gesagt gerade mal das Nötigste, um nicht zu sterben. Bloß Suppe, Flüssiges und Quark. Weder Fleisch noch Fisch, weder Kuchen noch Bonbons. Nicht kauen. Dann habe ich vielleicht irgendwann keine Zähne mehr, wie ein Neugeborenes. Und ich wäre auf dem richtigen Weg. Nichts dampfend Heißes auf meinem Teller. Dampf ist überschüssige Luft. Wenn ich ihn schlucke, besteht das Risiko, dass ich aufblähe wie ein Luftballon. Und die platzen. Schlimm genug, dass ich Luft holen muss, um zu überleben. Dabei versuche ich, mehr aus- als einzuatmen. Und sooft ich kann, halte ich die Luft an. So wenig Sauerstoff wie möglich. Das Existenzminimum. Wie ein Astronaut oder ein Taucher. Aber Vorsicht! Ich darf auf keinen Fall sterben, bevor ich meine Mission erfüllt habe. Und meine Mission ist die Rückkehr in Mamas Bauch. Das ist die Regel, die ich mir aufgestellt habe, und ich werde sie bis zum Schluss befolgen. Bis zum Sieg, zum Erfolg.

Natürlich darf ich kein Wort sagen. Wenn ich rede, wachse ich. Und gebe Hinweise. Wenn ich rede, verrate ich mich möglicherweise. Keine unnötigen Risiken eingehen! Ich muss alles unter Kontrolle behalten. Mein Plan muss geheim bleiben. Nicht mal Mama darf davon erfahren, denn sie wäre garantiert nicht einverstanden. Wenn der richtige Moment gekommen ist und ich bereit bin, dann und *erst* dann werde ich blitzschnell und überraschend handeln.

Und dann finde ich mein verlorenes Königreich wieder.

Glänzende grüne Fliesen

Die Tür öffnet sich von ganz allein. Ich habe mich immer gefragt, wie das funktioniert. Später habe ich erfahren, dass man das eine Lichtschranke nennt. Wenn man vor den Sensor tritt, geht die Tür wie von selbst auf. Ein großer schwarzer Fußabstreifer bedeckt den ganzen Fußboden des kleinen Raums, den wir durchqueren, es ist eine Eingangsschleuse. Dann passieren wir eine andere Lichtschranke, und eine zweite Tür, die genauso aussieht wie die erste, öffnet sich. Wir gelangen in einen riesigen Raum: die Eingangshalle. Rechts von uns, hinter einer Glasscheibe, sitzen Frauen am Computer und tippen. Aber wir wenden uns nach links. Die Fliesen sind grün, sie glänzen und sind weiß gemasert, doch sie sind nicht aus Marmor. Da bin ich sicher. Es ist sauber. Zu sauber. Mama ist bei mir. Sie hält mich an der Hand oder trägt mich. Manchmal sitze ich im Buggy, das mag ich am liebsten.

Fahrstuhl, Gänge, weißer Fußboden. Die Fliesen sind dieselben, aber in Weiß und mit einer zarten grauen Maserung. Derselbe Fußboden, eine andere Farbe. Derselbe Ort, eine andere Abteilung. Von diesem Korridor gehen viele Türen ab. Alle sind identisch. Vor einer bleiben wir stehen, immer vor derselben, manchmal steht sie offen. Wir betreten ein dunkles Büro; heruntergelassene Jalousien, gedämpftes Licht. Ein Ort, an dem man sich langweilt. Wieder ein anderer Fußboden. Ein blauer Teppich diesmal, wir haben unser Ziel erreicht. Ich muss die Festigkeit des Bodens überprüfen, der uns für die Dauer unseres Aufenthalts tragen soll. Einige Leute befürchten, dass ihnen der Himmel auf den Kopf fällt, aber ich habe Angst, der Boden könnte unter unseren Füßen aufbrechen und wir könnten hinabgesogen werden. Das ist völlig normal, ich weiß ja nicht, was darunter ist. Ich werfe mich auf den Boden, um ihn von Kopf bis Fuß unter mir zu spüren und mit meinem ganzen Gewicht darauf zu liegen. Eine gute Methode: Ich habe sie mal in einem Dokumentarfilm über zwei Vulkanforscher gesehen, ein Paar. Auf Vulkanen ist der Untergrund sehr trügerisch. Der Mann ging immer voraus. Weil er doppelt so schwer war wie seine Frau, wusste sie, dass sie ihm ohne Gefahr folgen konnte. Aber sie musste aufpassen und exakt in seine Fußstapfen treten, um dem sicheren Tod zu entgehen. Anders herum funktionierte die Methode allerdings nicht.

Mama hat einmal gesagt, dass ich immer erst mit einem Fuß in Fahrstühle treten soll, wie wenn man vor dem Baden die Wassertemperatur prüft. Es ist wirklich unvorsichtig von ihr, einen Raum zu betreten, bevor ich den Boden kontrolliert habe. Den blauen Teppich überprüfe ich, indem ich mich bäuchlings daraufwerfe – er bricht nicht unter mir weg, alles ist in Ordnung. In dem Büro ist eine Frau. Sie trägt einen beigefarbenen Rock und eine weiße Bluse und hat grau-weiße Haare, die so kurz sind wie der Rock. An anderen Tagen hat sie eine Hose an. Sie ist sehr adrett. Mama hat lange Haare und trägt immer lange Kleider. Diese Frau sieht aus wie das Gegenteil meiner Mutter. Wenn sie etwas sagt, dringen ihre Worte gar nicht zu mir durch. Ich glaube, sie hält mich für ein Kind. Das bin ich nicht, obwohl ich Kindern ähnlich sehe. Es stimmt, dass ich genauso hässlich und klein bin, aber ich bin nicht wie sie. In dem Büro gibt es Spielzeug. Es ist blöd. Es sind Spielsachen für blöde Kinder. Mama spricht mit der Frau. Ich weiß, dass es um mich geht, aber ich weiß nicht genau, was wir hier machen. Ich komme mir vor wie in einer abgeschiedenen, geschlossenen und gedämpften Kabine, wo sich nichts bewegt und nichts geschehen kann. Hier bin ich von der Welt und dem Unendlichen abgeschnitten. Ich langweile mich. In der grün gefliesten Eingangshalle habe ich ein Schaufenster mit anderen Spielsachen gesehen. Sie sind besser, sogar hochinteressant. Vor allem gibt es da ein Set mit einer Limousine, einem Geländewagen und einem Hubschrauber, alle in Dunkelblau. Das will ich haben. Ich weiß, dass wir auf dem Weg nach draußen wieder an dem Schaufenster vorbeikommen werden. Dann zeige ich es Mama, damit sie es mir kauft.

Schneller als das Licht
oder
Der Garten der Vollidioten

Das hier nennt sich Kindergarten. Das Gebäude wird von einem großen silbernen Viereck mit viereckigen Mustern überragt. In seinem Innern sind lauter herumrennende Kinder. Mama gibt mich zweimal die Woche dort ab. Sie bringt mich morgens hin und kommt am späten Nachmittag zurück. In der Zwischenzeit halte ich mich in dem Viereck auf. Die Erzieherinnen tragen hässliche Pullis und wollen mich zum Essen zwingen. Einmal haben sie mir Fleisch in den Mund gesteckt und ich habe es den ganzen Nachmittag bis zum Schluss nicht hinuntergeschluckt. Als Mama mich abholen wollte, kam ich ihr merkwürdig vor. Sie hat schnell verstanden, mir die Hand unters Kinn gelegt und gesagt, ich solle ausspucken, und ich habe ihr erleichtert gehorcht.

Die Erzieherinnen wollen auch, dass ich dasselbe tue wie alle anderen. Zum Beispiel müssen wir »Zehn kleine Zappelmänner« singen und dazu die Finger bewegen. Lächerlich. Es ist wirklich völlig sinnlos. Also mache ich nicht mit. Ich will bloß in Ruhe gelassen werden. Immerzu versuchen sie, mich zum Reden zu bringen. Sie glauben, dass ich nicht sprechen kann. Aber ich habe ihnen bloß nichts zu sagen.

Ein Mal war ich zum Schluss sehr wütend auf sie. Als Mama kam, habe ich noch in der Tür, mit einem Fuß bereits draußen, den Mund aufgemacht und laut und deutlich, damit sie es drinnen gut verstehen, gesagt: »Dieser Kindergarten ist für Vollidioten! Da will ich nicht mehr hin!«
Die Wut hat mir diese Wörter aus dem Mund getrieben. Aus meinem Mund, den ich sofort wieder geschlossen habe. Sie sollten bloß wissen, dass ich nur deshalb nicht spreche, weil ich nicht will. Ab diesem Moment haben die Erzieherinnen es dann begriffen und mich in Ruhe gelassen. Während sie die anderen Kinder zum Ringelreihen animieren, übernehme ich die Rolle des hässlichen kleinen Entleins. Das ist viel interessanter. Den ganzen Tag drehe ich an Rädern, aber die Zeit vergeht trotzdem nicht schneller. Also konzentriere ich mich auf diese Drehbewegung, die mich weit weg von den anderen katapultiert, weit weg von dieser Welt in die Unendlichkeit.

Ich entferne mich sehr weit weg. Ich drehe an dem Rad und lege unzählige Kilometer zurück. Bestimmt habe ich mit diesem blauen Rad Millionen von Kilometern geschafft, vielleicht sogar genug, um unserer Milchstra-ße zu entkommen und das beklemmende Viereck ganz weit hinter mir zu lassen. Wo ich hingehe, werdet ihr mich nie kriegen. Dazu müsstet ihr nämlich schneller sein als das Licht, und das hat bis jetzt noch niemand geschafft, es sei denn er hätte sich entmaterialisiert und wäre wieder zu Sternenstaub geworden. Dorthin gehe ich nämlich. Ich bin vier Jahre alt und möchte wieder zu Sternenstaub werden, um ganz von vorne anzufangen.

Aber was war vor dem Anfang?

Das rote Telefon

Heute hat Mama mir ein Telefon geschenkt. Es ist rot. Ich mag Mamas Geschenke. Sie sind immer spannend und wunderschön. Nicht wie die Spielsachen der Frau vom Krankenhaus. Bei unserem letzten Besuch dort habe ich ihren Spielsachen einen kräftigen Fußtritt verpasst. Weil ich nicht mit der Frau spielen wollte. Sie nervt mich. Sie soll aufhören, mich wie ein Kind zu behandeln.

Mama stellt das Telefon vor mich hin. Ich bemerke das, sehe sie aber nicht an. Dabei weiß ich, dass sie mich anlächelt. Natürlich weiß ich das. Sie möchte mir eine Freude machen. Ich schaue auf den Holzboden. Mama geht aus dem Zimmer. Ich bleibe allein mit dem roten Telefon zurück. Nichts bewegt sich. Ich schaue das Telefon an. Das Telefon schaut mich an. Es beunruhigt mich. Bei einem Telefon weiß man nie, was als Nächstes passiert, von welcher Seite Gefahr droht. Mit einem Telefon kann die ganze Welt zu einem kommen. Also sehe ich mir die in dieser kleinen Box vor mir eingesperrte Welt an, und die ganze Welt sieht mich an.

Das Telefon klingelt. Ich zucke ein bisschen zusammen, dann fasse ich mich wieder. Ich muss abheben. Jemand versucht mich zu erreichen. Es muss dringend sein. Vielleicht ruft ja sogar jemand aus einer anderen Welt an. Meine Hand liegt auf dem Hörer. Meine Finger umklammern ihn. Ich hebe ab, lege die Muschel ans Ohr und lausche. Eine Stimme sagt:

»Hallo?«

Ich sage nichts. Die Stimme spricht weiter.

»Hallo? Hier ist Sophie. Wie geht's?«

Ich möchte wissen, wer diese Sophie ist, die ich nicht kenne. Was will sie mir sagen? Wenn sie mich anruft, dann muss es wichtig sein, vielleicht sogar dringend. Ich mache den Mund auf und sage:

»Hallo?«

Plötzlich spüre ich eine Anwesenheit in meinem Rücken. Da, in der Tür, steht Mama, mühsam unterdrückt sie ein Lächeln. Rasch lege ich wieder auf. Ich habe verstanden. Sie hat mich in die Falle gelockt. Bravo, Mama. Eins zu null für dich. Du bist sehr schlau. Viel schlauer als ich. Ab jetzt muss ich doppelt so gut aufpassen, wenn ich in deinen Bauch zurückmöchte. Dieses Wort, das mir herausgerutscht ist, hat mich noch weiter von meinem Ziel entfernt. Ich muss aufpassen. Mir darf kein Fehler mehr unterlaufen. Nichts wird mich mehr von meinem Ziel abbringen.

Mamas Bauch

Mama zeichnet große Bilder an die Badezimmerdecke. Es sind seltsame Formen. Obwohl ich sonst immer den Blick zu Boden gesenkt halte, hebe ich nun den Kopf. Rebecca, meine große Schwester, ist auch da. Sie hilft meiner Mutter beim Malen. Rebecca liebt Farben und die Malerei. Sie studiert an der Akademie der Schönen Künste und ist oft ein bisschen traurig. Ich bin nicht der Richtige, um sie aufzuheitern. So etwas kann ich nicht, weil ich aus den Tiefen einer verlorenen Welt komme, die mir entglitten ist. Ein paar nicht-existente Erinnerungsfetzen, die ich verzweifelt versuche, im Kopf wieder zusammenzusetzen, sind das Einzige, was mir bleibt. In meinem Kopf ist kein Platz für Humor, für Lächeln und für Witze.

Mama ist schwanger und malt ein großes Fresko an die Decke, um das Baby in ihrem Bauch auf dieser Welt willkommen zu heißen. Eine kleine Schwester ist auf dem Weg. Sie hat schon einen Namen: Hermine. Jedes Mal, wenn Hermine gebadet wird, wird sie das ihr zu Ehren gemalte Fresko sehen können. Mamas Bauch ist besetzt, ich kann nicht mehr dorthin zurück. Manchmal lege ich das Ohr daran. Zappeln tut sie, die Kleine, und mit den Füßen strampeln, ich höre es im Innern gluckern. Sie fühlt sich bestimmt wohl.

Meine kleine Schwester kommt bald. Ich muss sie lieben, dann liebt sie mich auch. Sicher erzählt sie mir, wie es in Mamas Bauch war. Ich habe sie jetzt schon lieb. Noch nie habe ich ein Baby aus der Nähe gesehen, also muss ich mich an ihre Anwesenheit gewöhnen. Dafür übe ich Tag und Nacht mit einer Babypuppe. Ich ziehe sie an, wiege sie, ziehe sie aus. Ich gehe mit ihr spazieren und bade sie. Ich nehme sie mit in mein Bett oder lege sie in einen Stubenwagen dicht bei mir. Nie lasse ich sie aus den Augen, nie trenne ich mich von ihr. Dann bin ich bereit, wenn meine kleine Schwester kommt.

Das Problem ist bloß, dass meine kleine Schwester es eilig hat. Vielleicht spürt sie ja, wie sehr sie geliebt wird, und möchte uns jetzt schon sehen. Sofort. Im Krankenhaus haben sie Mamas Bauch aufgeschnitten. Hermine ist zwei Monate zu früh gekommen. Ich habe genug geübt, ich bin bereit. Aber sie nicht. Man hat sie in einen Glaskäfig getan, sie hängt an Schläuchen und wird von allen Seiten von Nadeln zerstochen. Ich weiß, dass sie leidet. Man kann sie nur mit durchsichtigen Handschuhen anfassen. Meine kleine Schwester wird in einem Glaskäfig gequält. Mama sagt, dass das ein Brutkasten ist und dass sie außerhalb sterben würde. Aber sie sagt auch, dass Hermine bald herausdarf. Na gut. Dann warte ich eben, bis sie draußen ist, bevor ich mit Papas Axt den Brutkasten kaputtmache.

Willkommen, ohne Pauken und Trompeten

Es ist so weit, der große Tag ist gekommen. Abend. Das Fresko im Badezimmer ist schon lange fertig. Ich warte. Die Tür geht auf. Meine Eltern kommen mit einem Babytragekorb aus dem Krankenhaus zurück. Ihre Mienen sind glücklich. Meine ist verschlossen und feierlich. Die Zeit bleibt stehen: Endlich ist der heiß ersehnte Augenblick da. Meine kleine Schwester hat ihr gläsernes Gefängnis verlassen und kommt zum ersten Mal zu uns nach Hause. Stolz und aufrecht stehe ich oben an der großen Treppe, meine Babypuppe in der Hand, Mama und Papa stehen unten. Meine kleine Schwester kann noch nicht sprechen, und ich will nicht sprechen.

Also muss ich ihr mit einer starken Geste zeigen, dass ich bereit bin. Mit einer weit ausholenden Bewegung schleudere ich die Babypuppe fort, sie poltert kopfüber die Stufen der großen Treppe hinab und landet dann in tausend Teilen zu Füßen meiner sichtlich verwirrten Eltern. Das ist nicht schlimm. Ich weiß, dass meine kleine Schwester verstanden hat. Sie kann sich auf mich verlassen. Sie ist willkommen. Ich bin ihr großer Bruder. Diese Plastikpuppe brauche ich nicht mehr.

Hermine

Meine kleine Schwester heißt Hermine, wie das französische Wort für Hermelin, das Schneetier. Strampelnd liegt sie in ihrer Wiege. Sie duftet nach Baby. Ihr Gesicht und ihre Arme sind rundlich, sie hat Pausbäckchen und kleine Hände. Sie ist fröhlich. Wenn sie die Beine bewegt, sieht sie aus wie ein Frosch. Ein kleiner Frosch, der um sich tritt und versucht, in der Luft zu schwimmen. Bei ihrem Anblick bekomme ich Lust zu lachen, doch die verbeiße ich mir. Ich lasse sie nicht aus den Augen. Unartikulierte Laute kommen aus ihrem Mund. Sie versucht, etwas zu sagen. Sie will uns mitteilen, dass sie Durst hat.

Ich fordere Mama auf: »Gib ihr zu trinken.« Meine Mutter knöpft die Bluse auf und stillt sie. Hermine sieht glücklich aus. Sie nuckelt mit geschlossenen Augen. Die Zeit vergeht. Wie ein Wiegenlied. Musik des Glücks, Musik meines verlorenen Glücks.

Verschüttet und vergessen

Seit fünf Jahren bin ich auf dieser Welt und bin jetzt zu schwer für Mama. Laufen will ich nicht, also bleibe ich bei Hermine im Geschwisterwagen. Wir sind auf einem Kinderspielplatz. Mama schiebt uns. Am Rand des Spielplatzes stehen winzige bunte Häuschen mit weit geöffneten Fenstern und Türen. Sie heißen alle willkommen. Mama sagt, wir sollten sie uns ansehen. Ich bin einverstanden. Vielleicht sind ja die sieben Zwerge darin versteckt? Nein, das sind sie nicht.

Ganz hinten steht ein Haus, das dunkler ist als die anderen. Die Fensterläden und die Tür sind geschlossen. Kein Zugang, Eintritt verboten. Ich weiß, dass Schneewittchen dort lebt. Bestimmt möchte es nicht gestört werden. Es sei denn, es wird von der Hexe gefangen gehalten. Ich lasse das Häuschen nicht aus den Augen, achte auf das geringste Anzeichen, dass jemand da ist. Ganz bestimmt ist in diesem Haus jemand eingeschlossen und beobachtet uns. Fein, dann bleibe ich eben so lange hier, bis ich herausgefunden habe, wer sich da versteckt. Meine Mutter will, dass ich zu den bunten Häuschen zurückkehre, aber ich nicht. Ich bleibe hier. Ich will das Geheimnis des dunklen Hauses lüften. Ob jemand da drin vergessen wurde? Ich klopfe an und horche an der Tür. Keine Antwort. Abgeschlossen. Ich gehe ums Haus herum. Dunkle Fenster, geschlossene Läden. Heute wird es zu keiner Begegnung kommen.

Wir machen kehrt, kommen an einem großen Vogelkäfig vorbei. Ohne Vögel. Ich gehe hinein und mache mich zum Gefangenen des Spielplatzes, wie die Person, die man in dem Häuschen vergessen hat. Mich könnte man in diesem Käfig vergessen. Wenn die Tür des düsteren Hauses geöffnet wird, findet man bestimmt Schneewittchens Leiche. Und meine im Vogelkäfig. Aber ich kann sowieso nicht fliegen. Es ist nicht schlimm, eingesperrt zu sein, wenn man nicht fliegen kann.

Mein Baum auf meinem Planeten
aus Sand

Ich sitze auf dem Sandhaufen im Hof vor unserem Haus. Über mir die Trauerweide. Sie beschützt mich und sie weint. Weil sie Kummer hat, genau wie ich. Eines Tages kam nämlich ein Mann vom Dorf und verkündete, dass sie gefällt werden soll. Ihre Äste ragen auf die Straße. Das stört die Laster, die von den Sandgruben kommen, sie fahren wie die Verrückten und machen zu viel Lärm. Ich weiß, dass sie vor der Post im Dorf auch schon eine Trauerweide gefällt haben. Das habe ich gesehen. Und jetzt wollen sie meinen Baum fällen, damit die Laster noch schneller fahren und sich noch irrer aufführen können. Selbst der Bürgermeister, der Chef hier im Dorf, ist einverstanden. Eines Tages werde ich Präsident von Frankreich, stehe über dem Bürgermeister und über den Gesetzen und alle Trauerweiden erhalten auf meinem Grundgebiet Asyl. Die Laster müssen dann auf größeren und breiteren Straßen fahren, wo es keine Trauerweiden und keine Häuser gibt. Das schreibe ich in mein Wahlprogramm und in die Gesetze. Und wehe, sie kommen mit ihrer Arbeitsbühne und ihren Motorsägen, um meinen Baum zu schlagen, dann bringe ich sie um.

Heute ist von der Trauerweide nur noch ein Stumpf übrig. Bei lebendigem Leibe gefällt. Enthauptet. Tot. Aber die Laster sind noch da. Sie machen mehr Lärm, werden immer zahlreicher und fahren noch schneller, weil sie sich nicht mehr vor den Ästen meines Baumes fürchten müssen. Darüber bin ich ziemlich verstimmt. Ich bin nicht der Präsident von Frankreich. Ich konnte nichts tun.

Ich mag den Sand. Wenn ich bloß den Sand betrachte und alles andere in meinem Blickfeld ignoriere, bin ich in der Wüste. In meiner Wüste. Mein Planet aus Sand im Schatten des einzigen Baumes, der dort gewachsen war. Ich stecke die Hände in den Sand und ziehe Furchen, grabe Gänge. Ich beginne an beiden Seiten gleichzeitig und buddle so lange, bis meine Hände in der Mitte zusammenkommen. Wie beim Tunnel unterm Ärmelkanal. Man gräbt in Frankreich, gräbt in England. Bis man sich genau im Zentrum trifft, damit es hinterher keinen Streit gibt. Das habe ich in einer Nachrichtensendung gesehen. Die Nachrichten mag ich, da erfahre ich immer lauter neue Geschichten, und einige, wie die des Tunnels unterm Ärmelkanal, kommen wie Serien immer wieder. Bisher haben sich die beiden Länder noch nicht getroffen. Hoffentlich tun sie das wirklich in der Mitte, es soll nämlich keinen Krieg zwischen ihnen geben. Das verfolge ich ganz genau und warte ungeduldig auf das Zusammentreffen. Unbedingt genau in der Mitte, im selben Abstand voneinander, wie meine Hände im Sand.

Der Krieg der Vorschulgruppen

Jetzt bin ich also in die »große Vorschule« aufgestiegen. Bei den »Großen«, wie es heißt. Vorher war ich bei den »Kleinen«, dann bei den »Mittleren« und jetzt bin ich also bei den »Großen«. Ehrlich gesagt ist das nicht besonders schwer zu verstehen. Dabei bin ich immer noch genauso klein und die anderen sind noch genauso dämlich. Meine »Spielkameraden«. Ich hasse sie, meine »kleinen Spielkameraden«.

Ich bin der Gefangene meines Körpers, und wenn ich sprechen würde, würde ich auch euer Gefangener werden. Lebenslang. Also beobachte ich euch lieber unbemerkt, spioniere euch nach. Falls die Augen die Fenster zur Seele wären, wie meine Eltern sagen, könnte ich eure Seele sehen, aber das würde mich zwingen, euch einen Teil von meiner zu enthüllen. Ihr sollt sie nicht zu Gesicht bekommen. Schlimm genug, dass ihr meinen Körper seht. Mein Körper soll bloß ein Grabstein sein, eine Mauer, ich will euch nichts schenken. Ich mag eure Welt nicht, in der ich nichts machen, nichts selbst entscheiden kann. Wenn ich laufe, muss ich hinter euch herlaufen, muss diese sinnlosen Anweisungen befolgen, in einer Zweierreihe ins Schulgebäude gehen, und zu allem Überfluss muss man sich dabei sogar an der Hand halten. Gezwungen, meine Gedanken aufzugeben, meine Bilder, meine Träume. Ich weigere mich, meine Träume gegen euer Lächeln oder eure guten Beurteilungen zu tauschen. Es gibt nichts, worin ich besser sein möchte als ihr. Ihr seid mir ganz egal, genauso wie die Vorschule mit ihren Wohltätigkeitsbasaren und den lächerlichen Wettbewerben. Ich will nicht euer Freund sein und schon gar nicht euer Diener.

Soll ich den Mund aufmachen? Den Blödsinn nachplappern, den ihr mir den ganzen Tag vorkaut? Wie die anderen Kinder? Wie ein Papagei? Ich verstehe alles, was man mir sagt, und brauche euch das nicht zu beweisen. Ich habe euch nichts zu sagen, nichts zu demonstrieren. Mein Mund geht höchstens auf, um euch zu beißen! Aber meine Zähne sind sowieso voller Zahnstein, weil ich nichts kaue. Sie sind hässlich und riechen schlecht. Soll ich den Mund immer noch aufmachen? Isoliert mich ruhig. Weg von den anderen. Allein in meinem Kerker. Wenn ich schon gefangen sein muss, will ich lieber selbst in meiner Zelle herrschen. Mein eigener Kerkermeister sein. Ich allein kann euch Zugang verschaffen, und die Passwörter werde ich euch nicht verraten.

»Geh zu deinen kleinen Spielkameraden«, sagen sie. »Warum bist du nicht bei deinen kleinen Spielkameraden?«

Doofe Frage, einfache Antwort: Wenn die Großen nach draußen dürfen, auf den Hof, hacken sie auf den Mittleren herum und die Mittleren auf den Kleinen, die niemanden haben, auf dem sie herumhacken könnten. Also warten sie geduldig bis zum nächsten Jahr, bis sie selbst bei den Mittleren sind und auf den Kleinen herumhacken können, die nach ihnen kommen. Die Großen führen sich auf wie Könige, wissen aber nicht, was sie ein Jahr später erwartet. Nächstes Jahr werden sie wieder die Kleinen sein. Außerdem, ob König oder nicht, sie dürfen trotzdem nicht auf den Hof nebenan. Viel zu gefährlich … Denn da sind die Erst-, die Zweit- und die Drittklässler. Und da ist es dasselbe Spiel. Es fängt wieder von vorne an. Wieder auf drei Ebenen. Ich habe es von weitem beobachtet. Das ist wirklich nicht besonders schwer zu verstehen.

Im Fernsehen habe ich Dokumentarfilme gesehen. Bei den Tieren ist das genauso, außer dass die sich gegenseitig auffressen. Die Nahrungskette nennt man das. Und die Lehrer, die in aller Ruhe in einer Ecke des Hofes miteinander plaudern, wollen also, dass ich mitmache? Kommt nicht in Frage! Ich habe weder Zeit noch Lust oder Energie, mich zu meinen »kleinen Spiel-kameraden« zu gesellen. Es ist völlig sinnlos. Einmal habe ich mir überlegt, dass es interessant wäre, anders an die Sache heranzugehen. Jetzt bin ich ein Großer. Ich könnte mich mit den Kleinen zusammentun, eine Armee bilden und Widerstand gegen die Mittleren und die Großen leisten, die sich immer dämlicher und un-erträglicher aufführen. Wir würden warten, bis sie sich zerstreut hätten. Aber sie sind sowieso höchstens zu viert oder zu fünft unterwegs. Bloß kleine, belanglose und unorganisierte Banden. Ich habe die Cliquen iden-tifiziert und weiß von jedem Einzelnen, wen er mag und wen er nicht mag. Die Namen kenne ich nicht alle, aber ich habe mir ihre Gesichter gemerkt. Ich habe sie alle im Kopf, auf kleinen Karteikarten aus Zeichenkarton, genau wie die im Klassenzimmer.

Zusammen mit den Kleinen würde ich meine Truppen organisieren, Chefs und ihre Stellvertreter ernennen … Die Dienstgrade in der Armee kann ich auswendig, die hat mir mein großer Bruder, ein Düsenjägerpilot, auf-gezählt. Ich habe ihn sogar gebeten, sie auf ein Blatt Papier zu schreiben.

Zum Siegen braucht man Wut, aber keine Hals-über-Kopf-Aktionen. Auf die Ausarbeitung eines General-stabsplans würde ein Überraschungsangriff folgen.

Aber Vorsicht, unauffällig und langsam. Ich habe mir schon die Stellen auf dem Hof notiert, wo man von den Lehrern unbemerkt Hinterhalte legen kann. Wir würden den Feind mit Ködern anlocken. Auf dem Hof gibt es Holzstücke, es gibt Stifte, Lineale, alles, was man zum Anfertigen von Waffen braucht. Das habe ich im *Krieg der Knöpfe* gesehen. Zu mehreren kann man einen »Großen« auch dazu bringen, einen »Mittleren« zu verprügeln oder umgekehrt. Nach und nach würden wir sie ausrotten. Wir würden sie einsperren und die am wenigsten Dämlichen würden sich uns zu guter Letzt anschließen. Man könnte auch Spione ins gegnerische Lager einschleusen. Jemand würde seine Flucht vor uns inszenieren, sich ins feindliche Lager schlagen und uns Informationen geben. Doch man hüte sich vor Doppelagenten! Allerdings bin ich überzeugt, dass die uns ohnehin nicht viel zu berichten hätten, weil diese blöden Wichte, kaum sind sie zu dritt oder noch mehr, unfähig sind, im Geringsten strategisch zu denken. Das habe ich ebenfalls beobachtet. Aber man muss wachsam bleiben, darf seinen Feind niemals unterschätzen. Das wird jeder gute Krieger bestätigen.

Es würde allein schon Monate kosten, wenn nicht gar ein ganzes Jahr, eine solche Strategie unbemerkt so weit voranzutreiben. Und hinterher müsste man noch die Sache mit den Erst-, Zweit- und Drittklässlern regeln.

Die sind zwar älter und deshalb vielleicht zäher, aber auch keine echten Strategen. Ich habe sie ebenfalls beobachtet. Doch um mehr über sie herauszufinden, müsste ich gründliche Spionagearbeit leisten und parallel dazu Krieg mit den Vorschulgruppen anzetteln, um Zeit zu gewinnen. Ihr Hof ist größer. Also habe ich mir extra für sie eine Angriffsstrategie mit Fahrrädern und langen Holzstöcken ausgedacht, wie bei Turnieren im Mittelalter. Schnell und effizient. Ein Überraschungsangriff. Ich kann zwar nicht Fahrrad fahren, aber die anderen schon; überhaupt kann ich es mir nicht erlauben, mich unbedacht auf das Risiko eines Kampfes einzulassen. Nur ein bisschen am Anfang, um meine Truppen zu motivieren, aber mehr nicht. Eine Parade abhalten ist ja in Ordnung, aber Rumprahlen und damit alles aufs Spiel setzen kommt nicht in Frage!

Eine Elite-Eskorte müsste mich streng bewachen, damit ich die Operationen in aller Ruhe befehligen kann, denn ohne mich wäre niemand mehr an der Spitze. Schließlich, nach einem Sieg auf ganzer Linie, würden alle Schüler hinter mir stehen, eine einzige große Armee. Dann bräuchten wir uns bloß noch um die Lehrer zu kümmern. Die sind zwar richtig groß, aber einem Überraschungsangriff sind auch sie nicht gewachsen. Im richtigen Moment würde ich das Signal geben. Man muss zuschlagen, wenn sie alle zusammen sind, in der Pause, damit keiner die Schule verlassen kann. Einige meiner Soldaten würden während des letzten Angriffs die Ausgänge bis zum endgültigen Sieg bewachen. Nach etlichen wacker geschlagenen Schlachten wäre der Krieg gewonnen! Und ich würde der kommandierende General der Schule werden. Aber damit nicht genug! Nach der Schule käme Frankreich, nach Frankreich die Welt und schließlich das Universum! So einfach wäre es, durch Zusammenschluss der Kleinen einen Krieg gegen die Großen zu gewinnen.

Soll ich also wirklich zu meinen Spielkameraden gehen? Oder ist es euch doch lieber, wenn ich mit meiner Eins in Betragen das bravste Kind der Schule bleibe? Bei ihren Spielen habe ich keine andere Wahl, als Diktator zu werden. Ob das nach der Schule wohl so weitergeht? Ihr wisst nicht, mit wem ihr es zu tun habt, weil ich euch meine Augen nicht zeige. Aber ich warne euch: Falls ich jemals spielen sollte, dann nur nach meinen Regeln. Ich habe kein Interesse daran, Kleine, die ganz allein in einer Ecke herumstehen, grundlos anzugreifen.
Ich hasse Kinder, und ich hasse ihre gewalttätigen und sinnlosen Spiele. Sie interessieren mich nicht. Kein bisschen. Im Übrigen hasse ich mich selbst.

Die anderen rennen die ganze Zeit herum, sie haben nichts anderes im Kopf, als zu grölen, und sind blind und taub für die Erde und den Kosmos. Selbst schuld. Trotzdem bin ich angeblich derjenige, der ein Problem hat.

Mein Problem seid ihr.

Ein Fußtritt gegen deinen Kopf

Glänzende grüne Fliesen, Aufzug, Korridor, weißer Fußboden, weiße Tür, blauer Teppich und heruntergelassene Jalousien. Wieder bei der Frau mit dem blöden Spielzeug. Ich sitze vor einem Plastikschloss. Einem Schloss ohne Drachen, ohne Ritter, ohne König und Königin. Einem toten Schloss. Aus Plastik. Beeil dich, Mama! Hier vergeht die Zeit nicht, sondern sie steht gefährlich still, als hätte die Erde aufgehört, sich zu drehen. Nimm mich wieder mit nach draußen. Diese Frau mag mich nicht, und ich bin mir sicher, dass sie auch dich nicht mag. Ich kann sie einfach nicht ausstehen.

Die Frau steht auf und kommt zu mir. Sie nimmt ein Kuscheltier in die Hand und wedelt mir damit vor dem Gesicht herum. Sie lächelt dümmlich und spricht mit einer bescheuerten Stimme mit mir wie mit einem Kind. Sie hat nichts verstanden. Ich mag Leute nicht, die nichts verstehen, und das will ich ihr klarmachen. Ich stehe auf und gebe ihrem Plastikschloss einen Fußtritt. Es zerbirst in tausend Stücke und fliegt quer durch den Raum. Ich sehe mir die Trümmer an und kaue auf meinem Schnuller.

»Das ist nicht gut, dass du deinen Vater trittst!«, schimpft sie.

Warum sagt sie das? Sie versteht aber auch wirklich gar nichts. Mein Vater ist nicht in diesem Schloss. Ich will die Wände des Büros kaputtmachen, den blauen Teppich zerfetzen, die Jalousien vom Fenster reißen. Dieser Fußtritt gilt dem Raum, in dem wir eingesperrt sind, diesem Raum, den ich verlassen will. Der Fußtritt war für dich bestimmt, Madame. Hier ist gerade dein Kopf in tausend Teile geflogen und ganz bestimmt nicht mein Papa.

Komm Mama, gehen wir.

Der Apfel

Ich bin in der Badewanne und will nicht raus. Im Gegenteil, ich will in diese Welt hinein, in der alles nur aus Spiegelungen – verformten, bewegten Spiegelungen – besteht. Ich will diese Formen zähmen und mich selbst verformen. Mama erzählt mir die Geschichte von Schneewittchen. Schneewittchen, das für immer schläft, nachdem es in den Apfel der Hexe gebissen hat. Nur der Märchenprinz kann es wecken. Da kann Schneewittchen lange schlafen. Ich bin nicht der Märchenprinz, mir würde es nicht gelingen, es zu wecken. Ich komme aus der Finsternis und habe einen einzigen Wunsch: dorthin zurückzukehren. Für immer.

Meine Mutter nimmt einen Apfel aus der Tasche. Sie sagt mir, eine Frau habe ihn ihr heute Morgen geschenkt. Eine schwarz gekleidete Frau mit einer Hakennase. Ich glaube ihr nicht. Das sind doch alles bloß Geschichten. Mama führt den Apfel zum Mund. Ich sehe nicht hin. Sie beißt hinein. Ich spiele weiter mit dem Wasser. Mama bricht zusammen. Sie liegt tot am Boden. Oder schläft sie vielleicht nur? Ich schaue hin. Sie rührt sich nicht. Tut sie bloß so?

Ich steige aus der Badewanne, streiche ihr mit den Händen übers Gesicht, tätschle ihr die Wangen. Ich versuche sie hochzuheben, versuche zu spüren, ob ihr Herz noch schlägt. Keine Reaktion. Jetzt bin ich allein. Wirklich allein. Ich halte es nicht mehr aus. Wörter drängeln sich in meiner Kehle. Ich muss sie herauslassen. Ich öffne meinen Mund, der nicht spricht, und rufe:

»Mama? Mama?«

Mama zwinkert und kommt langsam wieder zu sich. Sie behauptet, dass sie dank mir wieder am Leben ist.

Heute habe ich Mama beim Namen genannt und sie so wiedererweckt.

Der Diktator und der Diplomat

Ich habe dunkle Haare, meine Augen sind braun und ich lebe auf dem Land. Er ist blond, hat blaue Augen und kommt aus der Großstadt. Jedes Jahr verbringt er die Sommerferien bei uns. Wir sind ein Jahr auseinander. Ich bin der Ältere. Wir kennen uns schon ewig. Ich habe ihn gern, er ist sehr ruhig. Wenn er kommt, will ich nicht, dass er meine Spielsachen anfasst. Ich sehe ihn nicht an, weiß aber, dass er da ist, bei mir. Wenn er meine Sachen anfasst, schreie ich. Wenn ich sein Spielzeug besser finde als meins, reiße ich es ihm aus der Hand und er weint. Das ist mir egal, ich bin hier der Bestimmer. Insgeheim bin ich von ihm tief beeindruckt, doch das würde ich niemals zugeben. Aber ich spreche sowieso nie. Entweder bin ich still oder ich brülle.

Eines Tages gibt meine Mutter uns Kostüme und lässt uns ein Theaterstück spielen. Es heißt *Der Müller und der Teufel*. Ich bin der Böse und spiele in einem schwarzen Umhang mit rotem Futter den Teufel. Ich sehe meinen Cousin an und rufe:
»Müller! Müüüller!«

Der Cousin wendet sich ab, sein Blick ist verloren und traurig. Meine Mutter hat ihm ein kariertes Hemd gegeben und ihm mit schwarzem Textmarker einen Schnauzbart ins Gesicht gemalt. Ich rufe weiter:

»Ich bin der Teuuuufel!«

Manchmal gehe ich auch meinen Cousin in Paris besuchen. Dort nehmen uns seine Eltern an allerlei mir unbekannte moderne Orte mit. Da gibt es Kinos, wo sich Bilder ganz von allein bewegen, und so große Leinwände, dass man glauben könnte, man sei selbst mittendrin. Ich bin beeindruckt. Mein Cousin ist ein Mann der Zukunft. Am Ende meines Aufenthaltes kommt mein Vater mich holen. Ich muss nach Hause. Das will ich nicht. Ich brülle. Den ganzen Heimweg über schreie ich aus Leibeskräften. Schon kurz nach der Abfahrt fehlt mir mein Cousin. Ich bin sieben Jahre alt und Pierre ist mein Freund. Mein einziger Freund. Beim nächsten Mal, wenn wir uns sehen, spreche ich mit ihm.

Er ist der Botschafter der Außenwelt und lebt in der Zukunft. Von ihm kann ich viel lernen. Jetzt beherrscht er die Sprache meines Königreiches und zeigt mir die Schätze des seinen. Er glaubt nicht dieselben Dinge wie ich. Mit elf wird er mir zum Beispiel erzählen, dass es den Weihnachtsmann nicht gibt, das Ganze unterlegt mit Beweisen und Zeugenaussagen. Cousin Pierre ist ein mutiger Botschafter. Er verfolgt seine Ideen bis zum Schluss. Er ist sehr viel klüger als ich. In Wirklichkeit muss er der Teufel sein. Er ist mein Freund. Wir teilen dieselbe unersättliche Neugier auf die Welt, und er hat im Lauf dieser langen Jahre seine Lebenslust auf mich übertragen. Die Lebenslust, die mir fehlte. Mit ihm zusammen bekam ich meine ersten Lachanfälle. Wenn wir uns sehen, lachen wir uns immer noch kaputt. Das ist wunderschön, diese Fähigkeit sollte man sich unbedingt erhalten. Um jeden Preis.

Der Diktator und der Diplomat. Das könnte der Titel eines Theaterstücks sein. Des Theaterstücks, das wir jedes Mal spielen, wenn wir uns sehen. Unermüdlich.

Der Diktator und der Diplomat. Den einen kann es ohne den anderen nicht geben. Ein unzertrennliches Paar. Jeder Mensch trägt es in sich. Ausnahmslos, zwangsläufig, schon immer und für immer. Die beiden sind unverbrüchlich miteinander verbunden.

Die Kacke in mir und ich knietief drin

Ich leere meinen Darm nicht. Wenn ich Stuhlgang habe, drücke ich nicht. Ich wünschte, mein Kot würde von selbst herauskommen. Wenn ich presse, spüre ich deutlich, dass innen, in meinen Rohren, Druck entsteht. Ich will auf keinen Fall meine Rohre beschädigen. In Büchern habe ich auf Abbildungen des menschlichen Körpers gesehen, dass die Lunge von kleinen Luftballons umgeben ist: den Lungenbläschen. Genau solche Ballons sehe ich manchmal. Die erschrecken mich zu Tode, wenn sie platzen. Meistens sind sie blau und rot, genau wie auf den Bildern. Das ist auch bei der anatomischen Tafel des menschlichen Körpers in der Schule der Fall. Dieselben Luftballons, dieselben Farben. Meine Theorie hat sich also bestätigt: In meinem Innern sind Luftballons. Ich habe Angst, sie zum Platzen zu bringen, wenn ich drücke. Geplatzte Luftballons sehen aus wie blutige Fleischfetzen. So sehen dann meine Lungenbläschen aus, wenn ich zu stark drücke. Ohne Lungenbläschen keine Lunge. Ohne Lunge keine Atmung. Ohne Atmung kein Leben. Logisch. Ich will nicht sterben, also warte ich lieber, bis mein Kot von selbst kommt, auch wenn das an den unmöglichsten Orten passiert. Es ist ein bisschen unangenehm, aber Hauptsache, meine Rohre und Luftballons gehen nicht kaputt.

Wenn die Leute aufs Klo gehen, schließen sie sich immer ein. Bestimmt, weil sie ein Geheimnis kennen, um den Stuhl aus ihrem Körper herauszubekommen, ohne befürchten zu müssen, innerlich zu zerplatzen.

Manchmal gibt Mama mir Zäpfchen. Das funktioniert gut. Danach geht es wie von selbst. Wenn ich auf der Schüssel sitze, bleibt Mama stundenlang bei mir und ermuntert mich zu pressen. Wenn ich verstopft bin, malt sie mir mit den Fingern kleine Kreise um die Wirbelsäule, von oben nach unten. Das ist angenehm, bringt aber gar nichts. Vor jedem Schub versuche ich die Kraft zu dosieren, damit der Kot herauskommt, ohne dass die lebenswichtigen Organe in mir platzen.

An einem Morgen, als wir zur Schule müssen, sind wir viel zu spät dran. Mama wird fuchsteufelswild. Das kommt äußerst selten vor. Plötzlich dringt mir eine völlig unbekannte Stimme ans Ohr, das Trommelfell platzt mir fast und ich erstarre.

»Jetzt drück doch, verdammt noch mal! Drück! Willst du endlich drücken?«

Sie knallt die Haarbürste gegen das Waschbecken, es bekommt Risse. Man sieht sie heute noch. In diesem Bruchteil einer Sekunde sind die Luftballons vergessen. Automatisch drücke ich. Drei kleine Häufchen plumpsen in die Kloschüssel. Mir ist angst und bange. Von dem neuen Gesicht meiner Mutter und weil ich um ein Haar von innen geplatzt wäre. Mit einer zitternden Stimme, die von ganz weit weg kommt, bekenne ich meine panische Angst:

»Mama, kann die Lunge platzen, wenn man drückt? Wie ein Luftballon?«

Diese Phobie vor dem inneren Platzen verfolgte mich, bis ich elf war und einen Darmverschluss hatte. Damals war meine Mutter das einzige Mal verreist und ich habe es geschafft, elf Tage lang alles drinnen zu behalten. Im Krankenhaus habe ich dann begriffen, dass ich eher auf diese Art zu platzen drohte. Danach hatte ich nie mehr Verstopfung.

Geliebte Turteltaube

Turteltauben gurren oft. Diese Musik gefällt mir. Ich liebe ihr Lied. Ich liebe es so sehr, dass ich es nicht ertragen kann, es zu hören. Dann fange ich an zu schreien. Sei still, Turteltaube! Hör auf, mich an mein Menschsein, an mein Gefangensein zu erinnern. Du bist frei, kannst fliegen und singen. Und ich kann weder das eine noch das andere. Ich bin in Juliens Körper gefangen, und Julien ist wiederum in der Welt der anderen gefangen. Ich verbringe mein Leben mit kleinen, wuselnden, grölenden und gestikulierenden Wesen, die ich weder sehen noch hören möchte. Du dagegen bist schön, du kannst singen und fliegen.

Ich bin im Klassenzimmer, einem Gefängnis um mein Gefängnis herum. Im Juni, wenn das Fenster offen steht, höre ich dich singen und sehe dich durch die Lüfte fliegen. Du verfolgst mich überallhin. Wohin ich auch gehe, du bist schon da. Bist da, um mich immerzu an das zu erinnern, was ich nur allzu gut weiß: Dass ich gefangen bin und du frei. Frei, in der großen weiten Welt zu leben, frei, davonzufliegen, zu singen, aber auch zu bleiben. Du bringst mich zur Verzweiflung mit deiner Freiheit, die ich nur haben werde, wenn ich tot bin. Was willst du mir damit sagen? Treibst du deinen Spott mit mir?

Meine Mutter hat mir von der Reinkarnation erzählt. Wenn das stimmt, möchte ich als Turteltaube wiedergeboren werden. Ich würde singen und über die Gefängnisse der anderen hinwegfliegen. Ich weiß, dass ich mich in einem Gefängnis befinde und gleichzeitig selbst ein Gefängnis bin.

Einmal, als ich *Peter Pan* gesehen habe, ist mir klar geworden, dass ich, wie Kapitän Hook, die Fee Glöckchen einsperren würde, wenn sie mir begegnete. In einen kleinen goldenen Käfig würde ich sie sperren und mir den ganzen Tag ihre Traurigkeit und ihr Leid ansehen. Ohne etwas zu tun. Meine Geisel, meine Gefangene. Ab und zu würde ich ihr etwas schenken, zum Beispiel Samenkörner. So würde ich mich vielleicht ein bisschen von meinem eigenen Leid ablenken. Zumindest würden wir zusammen leiden. Mehr habe ich nicht zu bieten. Wenn ich dich kriege, Turteltaube, blüht dir dasselbe Schicksal, denn ich habe dich lieb. Wie die Fee Glöckchen. Ich habe dich so lieb, dass ich deine Freiheit nicht ertragen kann. Ich liebe dich zu stark. Zu sehr.

Du bringst mich zur Verzweiflung, Turteltaube.

Haarkur

Ich hasse dich, Julien. Du bist zu groß und zu dick, um in Mamas Bauch zurückzukehren, aber zu klein, um zum Mittelpunkt der Erde vorzudringen. Du bist mir im Weg, du legst mich lahm. Mit dir kann ich nichts anfangen. Ich muss Maßnahmen ergreifen. Reformen durchführen. Mit dir kann ich nicht hierbleiben, aber trotzdem bin ich wegen dir hier gefangen! Das muss sich ändern! Ja, es muss Änderungen geben. Etwas muss passieren. Du musst weg, weit weg von mir.

Normalerweise schneidet Mama mir die Haare. Zu Hause. Ich bin hässlich. Halt den Mund, Julien! Hör auf, in meinem Kopf zu reden. Du bist zu nichts zu gebrauchen.

Mama sagt mir oft, meine Stirn sehe edel und intelligent aus. Sie sagt auch, ich hätte sie von ihren Vorfahren. Darauf habe ich bisher noch nicht geachtet, weil ich seit meiner Geburt, also seit etwa fünf Jahren, immer halblange Haare und einen Pony hatte. Ich stelle mich vor den Spiegel und halte meine Haare mit den Händen zurück. Es stimmt, ich habe eine hohe Stirn. So hoch, dass ich lauter Sterne darauf verteilen könnte. Mama erklärt mir, dass nicht sie mir heute die Haare schneiden wird, sondern jemand anders. Weil diesmal viele Haare abgeschnitten werden müssen, fahren wir an einen speziellen Ort, der nur dazu da ist.

Hast du das gehört, Julien? Man wird dir Haare wegnehmen, dann bist du ein bisschen weniger anwesend und verdeckst meine edle und intelligente Stirn nicht mehr. Du hast sie so gut verdeckt, dass ich nicht einmal mehr wusste, dass es sie gibt. Wegen dir hätte sie in Vergessenheit geraten können. Das hätte dir natürlich gut gepasst, wenn ich an ihrer Stelle ein Loch gehabt hätte, oder? Zum Glück ist Mama da! Dir wäre es bestimmt nicht eingefallen, meine Stirn zu befreien. Du bist wirklich zu nichts zu gebrauchen.

Weiße Wände, Grünpflanzen in schwarzen Töpfen, Spiegel bis ins Unendliche. Es riecht nach Sauberkeit und nach Föhn. Frauen. Hier sind nur Frauen. Überall. Sie rennen, reden und lachen. In himmelblauen Kitteln. Sie sind groß und ich sehe ihre Beine. Ich werde ausgezogen und in einen weißen Umhang gewickelt, der mir ein bisschen zu weit ist. Ein Sessel aus schwarzem Leder. Man setzt mich darauf. Schiebt meinen Kopf nach hinten, dann machen Hände meine Haare nass und streicheln sie. Ich bin zum ersten Mal beim Friseur und weiß jetzt schon, dass es nicht bei diesem einen Mal bleiben wird. Nach der Haarwäsche werde ich auf einen anderen, ebenfalls schwarzen Ledersessel gesetzt. Doch dieser hat nur einen Fuß. Er glänzt silbern und wird nach unten hin breiter. Außerdem ... dreht er sich im Kreis!

Ich bin neben Soizic. Es sind ihre Hände, die mich vorhin gestreichelt haben, und jetzt ist sie da, neben mir. Ich wage nicht, sie anzusehen, spüre aber, dass sie mich anlächelt. Sie riecht gut. Sie ist schön. Und sie ist da. Auch ich bin da, vor dem großen, dreiteiligen Spiegel, und will Julien nicht sehen. Soizic reicht mir einen Katalog mit Fotos von Kindern. Die will ich genauso wenig sehen. Sie ähneln denen von der Vorschule, die mir den ganzen Tag auf die Nerven gehen. Sie schreien mir in die Ohren, rennen überall herum, ich finde sie uninteressant und kann sie nicht ertragen. Außerdem muss ich mich die ganze Zeit mit ihnen abgeben, von morgens bis abends bin ich mit ihnen in einem laut hallenden Klassenzimmer eingesperrt oder auf dem Hof, wo sie erst recht unruhig sind. Und dann soll ich mich auch noch an ihren dämlichen Spielen beteiligen. NEIN! Räum den Katalog weg, Soizic! Ach, stimmt, ich spreche ja nicht. Also ziehe ich meine Mutter zu mir her und flüstere ihr ins Ohr, dass Soizic diesen Katalog wegräumen soll und dass ihre Hände schön sind. Sie trägt lauter Ringe, an jedem Finger einen. Die Ringe sind blau. Ich sage meiner Mutter, dass es schön ist, blaue Ringe zu tragen wie Soizic.

Schere und Kamm in Soizics Händen. Na los, dreh mich im Kreis! Ich senke den Kopf, weil ich Soizics Blick nicht begegnen darf, sonst würde ich die Kontrolle verlieren. Auch dem Blick von Julien, der leidet und mich ebenfalls leiden lässt, möchte ich nicht begegnen. Soizic hebt sanft meinen Kopf an, als ich mich vom Spiegel abgewendet habe. Trotzdem lasse ich ihn immer wieder sinken, jetzt aber mehr, um nochmals Soizics Hand zu spüren, die mein Kinn sanft anhebt, als um Julien aus meinem Blickfeld zu verbannen. Sie erinnert mich an die kleine Meerjungfrau, oder eigentlich an eine ziemlich große. Auf ihrem rollenden Hocker wirbelt sie um mich herum. Jetzt bin ich mir sicher: Sie dreht sich ebenfalls gern. Als das Ballett vorbei ist und die Schere wieder an ihrem Platz, sieht Soizic mich im Spiegel an und lächelt mir zu. Ihr Lächeln setzt meine Selbstkontrolle außer Kraft. Zum ersten Mal seit langem denke ich nicht nach. Sie ist schön und ich lächle zurück, betrachte mein Spiegelbild. Ich erkenne Julien nicht mehr. Vielen Dank, Soizic, dass du mich befreit hast. Ohne es zu wissen, warst du mit deinem blauen Kittel, deiner Schere, deinen Händen und deinen Ringen für einen kurzen Moment die Heilerin meiner Seele.

Diese Hände, die mir so viel Freude gemacht haben, sollen mich nicht verlassen. Ich umschließe sie mit meinen Fingern und streichle die blauen Ringe. Ach, zum Teufel mit meinen geheimen Vorhaben, zum Teufel mit der Kontrolle, zum Teufel auch mit dem Verrat, ich muss mit dir sprechen. Ich betrachte die Hände und die Ringe. Zu spät, schon kommen Wörter aus meinem Mund:

»Sie sind schön, sie sind blau.«

Ich halte es nicht mehr aus, ich muss ihre Augen sehen. Ihrem Blick begegnen, dem ich von Anfang an ausgewichen bin. Ich möchte sie sehen. Ich hebe den Kopf. So, jetzt bin ich in ihren Augen. Sie lächelt mich an. Ich halte ihre Hand in meinen Händen. Lasse sie nicht los. Wieder kommen Wörter aus meinem Mund:

»Du bist auch schön. Und du siehst glücklich aus.«

II Asche und Ruinen

Wie ich mit sechs Jahren starb

Mit sechs Jahren,
ich saß auf der zweiten Stufe der großen Treppe,
habe ich, vor den Augen meiner Mutter,
Julien umgebracht.

Ich habe ihm die Kehle durchgeschnitten.
Ich sehe noch seinen Kopf auf die erste Stufe rollen.
Die einzige Stufe aus Stein.
Grabstein.

»Mama«, sage ich mit feierlicher und ernster Miene,
»Julien ist tot!
Er liegt in der schwarzen Erde begraben.
Er war nicht sehr interessant.
Ich will einen neuen Namen.«

Mama schlägt Hugo vor.
Ich bin einverstanden.
Der König ist tot.
Es lebe der König!

Mama tut es leid um Julien. Mir nicht.

Sie schlägt mir vor, mich in Julien-Hugo umzutaufen.

Insgeheim steigt der Zorn in mir hoch.

Noch ein Kompromiss!

Mühsam unterdrücke ich meine Wut, eine ungeheure Anstrengung.

Ich weiß, dass auch der tote Julien noch ein Teil von mir ist. Er wird mich bis zum Schluss verfolgen, unablässig.

Mir bleibt nichts anderes übrig, als ihn wegzudrängen, ganz weit weg, ganz tief, damit er niemals wiederkommt.

Ferne, verschwundene, begrabene Erinnerung.

Aber trotzdem für immer gegenwärtig.

Wie eine Eisenkugel ist sein Schädel an mein Bein gefesselt.

»Julien-Hugo«, dieser Kompromiss, wird sowieso bald in der Versenkung verschwinden. Sehr bald, denn Hugo ist der Name, den ich auf den Lippen derer lese, die mich rufen.

Man nennt mich künftig Hugo.

Nur Ahnungslose und Idioten erwähnen Julien noch in meiner Anwesenheit. Und die verachte ich oder trample sie nieder.

Der König bin ich

Ich spreche nur mit Menschen, die ich mag, nie mit anderen. In der ersten Klasse bleibe ich in der Schule stumm. Dabei setzt Mama alle Hebel in Bewegung, damit sich das ändert. Auch ich spüre, dass etwas passieren muss. Hugo ist das durchaus bewusst. Nach Juliens Enthauptung habe ich Hugo zum König meines Körpers und meines Geistes ernannt. Zum obersten Herrscher meines Reiches. Ich muss eine Figur erschaffen, die stark und mächtig genug ist, um sich Juliens Leichnam entgegenzustellen. Er verfolgt mich unablässig und muss niedergetrampelt werden. Die Trümmer und Ruinen dieser alten Welt, deren Fundamente sich mir noch widersetzen, muss ich dem Erdboden gleichmachen. Ich muss eine Rüstung anlegen, muss so wild und gefährlich sein wie ein Drache, so majestätisch wie ein Löwe. Nur der unbändige Drang zu siegen kann mich vor dem Untergang bewahren. Ich muss diese Welt, die nicht meine ist, akzeptieren. Mir bleibt nichts anderes übrig, sonst wird Hugo ebenfalls in der schwarzen Erde enden. Ich muss den Mund aufmachen, muss sprechen. Die anderen Kinder sind dumm und sprechen furchtbar schlecht. Ich will nicht denselben Blödsinn reden und nicht so werden wie sie. Ich will nicht herumschreien wie sie. In der Schule schreie ich nur innerlich. Ihr könnt gar nicht ermessen, was für ein enormes Geschenk ich euch damit mache. Wenn ich brülle, zittert die Erde, die Mauern stürzen ein, die Vögel hören auf zu singen und sterben. Meine Mutter weiß das natürlich. Bei euch verberge ich meinen Schmerz und meine Wut ganz tief in meinem Innern. Wenn ihr eine Ahnung hättet von meinem Zorn, könnte euch das umbringen.

Hugo muss es schaffen, den Mund aufzumachen, ohne dass all das ans Tageslicht tritt. Hugo muss lernen, sein Leid zu verbergen und der Welt ins Gesicht zu lügen. Sprechen heißt lügen. Nun gut, dann werde ich eben lügen, denn das wird schließlich von mir erwartet. Jedes Wort, jede Silbe aus meinem Mund sind eine Riesenanstrengung für mich, denn sie sind Kompromisse, die ich, Hugo, mit den anderen eingehen muss. Ich weiß, dass ich mit jedem Schritt auf die anderen zu immer abhängiger werde von ihnen, also von euch. Ich muss lernen zu akzeptieren, von Menschen abhängig zu sein, die mir keinerlei Vertrauen einflößen. Jedes Wort, jeder Laut aus meinem Innern sind eine Abdankung. Jeder Schritt zu den anderen hin entfernt mich weiter von meinem Königreich. Jedes Wort tötet mich. Auf glühenden Kohlen gehe ich und muss lernen zu tanzen. Gut, dann werde ich eben tanzen und euch vielleicht sogar hin und wieder ein Lächeln schenken. Lachen verschieben wir auf später. Bloß nicht aus dem Gleichgewicht geraten.

Wer das Gleichgewicht verliert, verliert sein Königreich.

Laufbahn

»Geburt, Kindergarten, Vorschule, Grundschule, weiterführende Schule, Studium, Arbeit, Rente, Tod.«

»Liebe, Lachen, Freundschaft, Musik, Wälder, Berge, Meere, Wiesen, Hügel, Reisen«, entgegnet Mama.

»Und Mousse au chocolat«, fügt sie zum Schluss hinzu und streichelt mir die Wange.

Wenn ich träume

Wenn ich träume, sehe ich Bilder, halte eines davon fest und trete in den Traum ein. Die Bilder stoßen zusammen, verschwinden und kehren wieder. Ich habe Angst, dass sie mir entwischen. Deshalb zeichne ich sie, dann existieren sie. In der Schule sieht man mich mit einem Lächeln an und sagt, ich sei begriffsstutzig, lahm, und man könne mir eh nichts beibringen. Von wegen! Wenn sie wüssten, wie rasend schnell mir die Bilder durch den Kopf schwirren. Im Stillen, weil man nicht frech sein darf, frage ich, worauf sie denn noch warten, um mich laufen zu lassen, wenn ich angeblich zu lahm bin zum Lernen. Ich versuche, so viel Zeit wie möglich in meinem Kopf zu verbringen, aber damit sind die anderen nicht einverstanden. Ich träume, wenn ich schlafe, träume, wenn ich wach bin. So nennt man mich, einen Träumer.

Die Welt mag keine Träumer: Sie müssen übermächtig sein und viel klüger als der Durchschnitt, um sich in ihr einen Platz zu erobern. Sonst haben sie gar keine Chance und landen auf dem Müll. Dieses Schicksal steht mir bevor, wenn ich weiter so vor mich hin träume, oder vielmehr, wenn man mir das anmerkt. Das Problem ist bloß, dass ich ohne meine Bilder und Träume tot bin, ein lebloser Hampelmann. Dessen Fäden von einem geheimen Manipulator gezogen werden, der für die anderen träumt. Denn das wollen sie: die Bilder in meinem Kopf zerstören, um mir ihren »Traum« aufzuzwängen. Ihren düsteren Traum, mit dem ich nichts zu tun haben will. Ich habe kein Interesse daran, in dem allgemeinen, vorformatierten Traum die Rolle eines Statisten zu übernehmen. Macht das ohne mich – und ich ohne euch.

Ich kenne mich im Wald gut aus und fürchte mich nicht vor Gespenstern. Sie wissen, dass ich sie respektiere und nicht vorhabe, sie zu verjagen. Wehe dem, der sie geringschätzt: Er wird in einen Regenwurm verwandelt.

Durch den Wald gehe ich immer mit meinem Holzschwert. Die Welt mag keine Träumer. Ich muss trainieren. Trainieren, zu kämpfen und Widerstand zu leisten, um träumen zu können.

Heute hat der pfeifende Geist mir eine Idee zugeflüstert. Er hat mich einen »kleinen Drachen« genannt. Meine Comics sind geboren. Ich will die Geschichte des kleinen Drachen erzählen. Weil er missgebildet ist, wird der kleine Drache, der kein Feuer spucken möchte, seit

Babytagen von seinem Clan abgelehnt. In der Schule sind die Geister und Drachen dann verschwunden. Sie mögen diesen Ort genauso wenig wie ich. Orte, an denen es sie nicht gibt, bringen mich zur Verzweiflung. Deshalb halte ich mich an die Bilder, die mir durch den Kopf schwirren, jene, die mir die Geister zugeflüstert haben. In der Schule hindert man mich daran, von diesen Bildern zu erzählen. Thema verfehlt. Daraus schließe ich, dass mir ein Leben als Geist gut gefallen würde. Jedenfalls viel besser als das eines Schülers. Ich will die Stimmen und das Geschrei um mich herum nicht hören. Die Stille ist mir lieber. Ich bin das Schulgespenst.

Von Drachen über Menschen zu Vampiren

Auf dem Schulhof bin ich allein. Wieder einmal. Das bin ich, weil ich allein sein möchte. Es ist Winter. Mir ist kalt. Tausendmal lieber würde ich im Klassenzimmer bleiben. Auch allein, aber im Warmen. Ich möchte malen, meine Comics weiterzeichnen. Die Lehrer wollen mich nicht allein im Klassenzimmer lassen, weil es da keine Pausenaufsicht gibt. Dabei habe ich eine Eins in Betragen. Es ist völlig sinnlos, sich gut zu benehmen. Der reine Blödsinn. Trotz meiner Eins muss ich zusammen mit der dämlichen muhenden Herde auf den Schulhof, muss das Ende der Pause abwarten, in die Klasse zurückkehren, Aufgaben machen, die sich alle ähneln, und dann noch Dinge lernen, die ich am selben Abend wieder vergessen werde. Es bringt mir gar nichts. Gute Noten sind mir total egal. Ich darf nicht einmal in Ruhe meine Geschichten zu Ende zeichnen. Und die anderen sollen meine Comics nicht sehen, bevor sie fertig sind. Früher, als ich noch von Drachen erzählt habe, sind meine Geschichten fertig geworden.

Jetzt bin ich in der ersten Klasse, zeichne und schreibe über Menschen, und seither werden meine Geschichten nie mehr fertig. Also fange ich neue an … die ich genauso wenig beende. Sie langweilen mich. Es gelingt mir nicht mehr, meiner Phantasie freien Lauf zu lassen. Ich wünschte, ich könnte von Menschen erzählen, aber meine Konzentration hat nachgelassen. Ich habe das Gefühl, immer dümmer zu werden, je länger ich mich hier aufhalte. Die Ideen schwirren mir durch den Kopf. Sie vermischen sich, stoßen zusammen, verdrängen sich gegenseitig. Die Bilder aus meinem Hirn kommen mir abhanden. Ich fürchte, dass sie nie mehr wiederkehren und ich zunehmend leer werde.

In der Pause stürmen alle nach draußen, in Zweierreihen. Wie eine Herde muhender Kühe rennen sie hinaus und verteilen sich über den Hof. Idiotisch. Ich habe es nicht eilig, also renne ich nicht, sondern gehe. Ich stelle mich immer ans Ende der Schlange, weil ich nicht geschubst werden möchte. Das ist mir ein paarmal passiert und jetzt nehme ich mich in Acht. Ich sehe mich vor. Immer ganz hinten. Ich gehe als Letzter nach draußen, setze mich in eine Ecke des Schulhofs und warte, bis die Pause vorbei ist. Ich wickele mich enger in meinen Mantel. Rotz läuft mir aus der Nase. Er tropft auf meinem Rollkragen und läuft manchmal sogar unter meinen Pulli. Ich bin hässlich. Und mir ist kalt.

Mama weiß genau, was Kälte ist. Sie hat mir davon erzählt … Das war lange, bevor sie Papa kennenlernte. Damals hatte sie nicht einmal eine Wohnung. Manchmal hat sie mir auch gesagt, dass es besser sei, allein zu sein, als in schlechter Gesellschaft. Das trifft sich gut, weil ich allein bin. Über die Kälte hat sie gesagt, ich solle mit aller Kraft an ein rotes Dreieck denken, um mich zu wärmen. Wenn dir zu warm ist, dann denk an ein blaues Dreieck. Ich denke an das rote Dreieck, aber es klappt nicht so gut. Ich weiß nicht, wie du das machst, Mama, aber ich schaffe das nicht, ich bin nicht so stark wie du. Ich bin schwach und habe genug davon, schwach zu sein. Ich möchte auch stark sein. Aber nicht brutal, wie manche andere, die ich sehe. Daran habe ich kein Interesse. Ich will so stark sein wie du oder wie Papa, der ebenfalls bärenstark ist. Im Judo ist er Schwarzgurt, zweiter Dan. Er hat Wettkämpfe gewonnen; einmal hat er mir einen Artikel mit seinem Foto in einer Zeitung von damals gezeigt. Er war französischer Meister, konnte aber nicht an den Olympischen Spielen teilnehmen, weil ein gemeiner Kerl gegen die Regeln verstoßen und ihm die Schulter ausgerenkt hat, um an seiner Stelle hinzugehen. Mama hat mich zum Judo angemeldet. Ich bin Gelbgurt.

Ich habe wirklich die Nase voll davon, meine Zeit hier zu vergeuden und dafür eine Eins in Betragen zu bekommen. Meine einzige gute Note. Alle anderen sind durchschnittlich – mittelmäßig nennen sie das. Das passt mir ausgezeichnet. Wenn ich mal woanders ein gutes Ergebnis habe, gratuliert man mir, aber das ist mir egal. Einmal habe ich von einem Typen gehört, der auch die Nase voll hatte und deshalb seinen Tod inszeniert hat. Ein Hubschrauberunglück in den Anden. Bloß, dass er nicht in dem Hubschrauber saß. Für die ganze Welt war er tot, und dabei lebte er glücklich an einem anderen Ort weiter. Wie schön für ihn, er hätte bei Bedarf jederzeit wiederauferstehen können, und bis dahin störte ihn niemand. Tote stört man nicht. Am Ende vergisst man sie sogar. Mich soll man auch vergessen.

Eines Nachmittags nach der Schule habe ich Mama vorgeschlagen, das auch so zu machen. Ich habe keinen Hubschrauber, also habe ich mir was anderes ausgedacht: Anstatt morgens in die Schule zu gehen, könnte ich den ganzen Tag in einem Sarg verbringen und erst abends wieder zum Vorschein kommen, um die Menschen wiederzusehen, die ich liebhabe. Tagsüber tot, dem hektischen Alltag entfliehen, und abends lebendig, um die ganze Nacht das Wiedersehen mit meiner Familie zu feiern. Ich könnte nachts leben. Wie Nosferatu. Wir haben den Film zu Hause, und ich habe ihn mir mehrmals angesehen. Das ist meine neue Berufung: Ich will Vampir werden. Dafür trainiere ich hart – tagsüber gehe ich der Sonne aus dem Weg und bleibe im Schatten; ich lege mich immer nur auf den Rücken und schlafen tue ich mit verschränkten Händen, so steif wie eine liegende Steinfigur auf einem Grabmal.

Diese Idee, tagsüber tot zu sein und abends wiederaufzuerstehen, gefällt Mama gar nicht. Ich bin enttäuscht. Aber egal. Trotzdem werde ich ein Vampir, ob ihr das nun passt oder nicht. Aber ein ganz gefährlicher, einer, der tagsüber sein Unwesen treibt.

Hugo gegen Julien

Wie lang die Jahre sind.
Die Tage sind noch länger.
Und die Stunden wollen erst recht nicht vergehen.

Julien ist in der schwarzen Erde begraben, doch manchmal schießt seine Hand plötzlich hervor und umklammert meinen Fuß.

Julien will nicht sterben.

Lass mich in Ruhe! Hau ab!
Wie oft muss ich diese Hand, die immer wieder zum Vorschein kommt, denn noch abhacken?
Ich werde dein Grab öffnen und dich zum zweiten Mal umbringen. Oder muss ich mir etwa den Fuß abhacken? Meinen Fuß, der blau anläuft, wenn deine Hand ihn berührt.

Ich habe gehört, dass man manchmal in Tierfallen die Pfoten von Wölfen findet. Der Überlebensinstinkt treibt sie dazu, sich selbst den Knochen durchzunagen, um dem sicheren Tod zu entgehen. Humpelnd ziehen sie auf drei Beinen weiter, aber sie sind noch am Leben!

Bist du darauf aus? Auf ein Opfer? Eines meiner Körperteile? Und dann lässt du mich in Ruhe? Nein! Du willst mich bloß in die Falle locken und ich weiß es! Nichts wirst du bekommen! Wenn ich dir meinen Fuß überlasse, wirst du ihn auffressen und danach etwas anderes einfordern, bis du mich nach und nach mit Haut und Haar verschlungen hast. Hübsch langsam, weil du alle Zeit der Welt hast. Du bist tot, also hast du die Ewigkeit vor dir. Ich lebe, also habe ich es eilig! Und du verschwendest meine wertvolle Zeit!

Jetzt streckst du beide Hände aus der schwarzen Erde, Julien! Sie umklammern meine Füße.

Du ziehst mich in dein Grab hinab,
reißt mich in deinem Sturz mit.
Ich bin schwer und versinke in diesem Sumpf.

Du hinderst mich am Vorankommen,
verbietest mir zu fliegen.

Ich bin genauso reglos wie du. Wie der Tod.
Du hältst mich zurück.
Ich kann mich nicht mehr aufschwingen.

Nirgendwo finde ich Halt.
Auf diesem verfluchten Friedhof bin ich dir ganz allein ausgeliefert.

Um uns herum zeichnen sich die Umrisse von leeren, dunklen Gräbern ab, in eine Nacht versunken, in der alle Sterne tot sind.

Keine Bewegung.

Nun ziehst du mich ebenfalls in die schwarze Erde hinab.
Mit deinem Mund, der nichts als matte Verzweiflungsschreie hervorbringt, zerrst du mich hinab.

Meine Füße sind ganz blau! Man muss sie abhacken!
Nein!
Lieber hacke ich dir die Hände ab!

Wieder und wieder werde ich sie abtrennen, bis sie endlich nicht mehr aus der schwarzen Erde kommen!
Ich will diesen Friedhof nicht mehr sehen! Und dich auch nicht! Nie mehr!

Ich will einen Ausweg aus dem Labyrinth meiner Kindheit finden.

Bis in die Hölle würde ich hinabgehen, um dich wieder und wieder umzubringen.

Du weißt nicht, wozu ich alles fähig bin!

Ich will allen Dämonen gegenübertreten, die sich mir in den Weg stellen, will ihre Gliedmaßen abhacken, sie genauso enthaupten, wie ich dich enthauptet habe, und ihre Köpfe auf Pfähle spießen.

Ein derart schauerliches Schauspiel, dass die Überlebenden es nicht mehr wagen, sich mir in den Weg zu stellen, und den Rückzug antreten! Diese Feiglinge!

Und wenn ich erst bei dir angelangt bin, zerlöchre ich dir die Lunge, reiße dir das Herz heraus und verschlinge es, während es noch schlägt.

Ich wiederhole: Du weißt nicht, wozu ich alles fähig bin.

Du weißt nicht, wozu Hugo fähig ist, Julien.

Das kleine Mädchen, die Willkür und ich

Fahrradfahren ohne Stützräder habe ich erst relativ spät gelernt. Von einem Tag auf den anderen. Ich erinnere mich noch sehr gut an das berauschende Gefühl abzuheben, als ich das erste Mal losfuhr, ohne dass meine Füße den Boden berührten. Und so flog ich dahin, bis ich in die hintere Stoßstange eines auf dem Bürgersteig geparkten Autos krachte.

Achtung: Was jetzt folgt, wird unter keinen Umständen zur Nachahmung empfohlen. Besonders zartbesaitete oder beeinflussbare Leser werden gebeten, dieses Kapitel zu überspringen oder das Buch auf der Stelle zuzuklappen. Meine Mutter ging mit uns, meiner kleinen Schwester und mir, oft in den Parc de la Colombière in Dijon. Da ich mich nun auf dem Fahrrad halten konnte, radelte ich ein ganzes Stück vor ihnen her. Allmählich lernte ich, die Geschwindigkeit zu beherrschen. Ich raste drauflos und schlug im letzten Moment Haken um Hindernisse. Aus einiger Entfernung kamen uns ein kleines Mädchen und ihre Mutter entgegen. Das Mädchen war blond, es sah zufrieden aus und hüpfte fröhlich vor sich hin. Außer den beiden weit und breit kein Mensch.

In zehn Meter Entfernung von ihnen: Ich weiß nicht warum, doch in diesem Augenblick koppelt mein Hirn sich plötzlich von mir ab, denkt und befiehlt an meiner Stelle. Ich werde zu einem Automaten.

Neun Meter: Ich bin auf einer Rennstrecke, es läuft wie geschmiert. Dort kann ich bleiben oder auch nicht.

Acht Meter: Es wäre ganz einfach, mich aus der Spur zu lösen, freiwillig zu entgleisen. Doch das darf ich nicht. Es würde mir nichts bringen, aber ich könnte es tun. Ohne jeden Grund. Ohne Lust dazu zu haben. Unmotiviert. Es wäre idiotisch.

Fünf Meter: Ich halte weiter Kurs auf das blonde kleine Mädchen.

Drei Meter: Noch könnte ich den Lenker herumreißen und den Zusammenstoß vermeiden, doch stattdessen beschleunige ich.

Nur noch zwei Meter: Sie merkt nicht mal, was los ist, so unvorstellbar ist das, was ich da tue.

Ein Meter: Ich trete ein letztes Mal kräftig in die Pedale. Mein Reifen rammt das kleine Mädchen. Es lässt die Hand seiner Mutter los, fällt hin. In diesem Augenblick umklammern meine Hände die Bremsen, als wollten sie mein Gehirn zur Ordnung rufen, reflexartig, damit ich das kleine Mädchen nicht noch überfahre. Meine Höllenmaschine bleibt stehen. Das Mädchen weint, die Mutter stürzt hin, nimmt ihr Kind in die Arme und ihre Blicke und Worte töten mich. Meine Mutter hat das Ganze ohnmächtig aus der Ferne beobachtet. Sie rennt herbei. Ich bleibe stumm, bin niedergeschlagen. Im Endeffekt ist der Schreck größer als der Schaden. Zum Glück.

Ich bin sieben Jahre alt, das sogenannte Alter der Vernunft.

Dasselbe ist mir noch ein Mal passiert, wieder auf dem Fahrrad. Ich schnitt meine Mutter beim Überholen absichtlich. Sie fiel auf den Asphalt, die Folgen ihres Sturzes waren wochenlang zu sehen. Das habe ich noch nie jemandem erzählt, und nun schreibe ich es hier auf. Allerdings weiß ich mittlerweile, dass so etwas jedem passieren kann. Man braucht bloß einen Blick in die Lokalnachrichten zu werfen. Aus demselben Grund drehen sich Computerspiele meist um Mord und Totschlag, sonst würde sich niemand dafür interessieren.

Diese beiden Erfahrungen haben mich derart traumatisiert, dass ich niemals den Führerschein gemacht habe. Später vielleicht.

Achtung: Gefahr für die Allgemeinheit!

Sie ist klein, furchtbar angespannt und schreit die ganze Zeit. Ihre Züge sind verzerrt, die Augen permanent kurz davor, aus den Höhlen zu treten. Ihre Stimme klingt grell und blechern. Kaum macht sie den Mund auf, tut es mir in den Ohren weh, und ich verstehe kein Wort von dem, was sie sagt, oder will es vielmehr nicht verstehen. Standhaft weigere ich mich, ihre Stimme bis in mein Gehirn vordringen zu lassen. Ich höre sie, aber sie gelangt nicht weiter als bis zu meinen Ohren. An ihre Stimme erinnere ich mich sehr gut, wäre aber absolut nicht in der Lage, auch nur einen Satz wiederzugeben, den sie gesagt hat. Mein Trommelfell mag sie nicht, ich mag sie nicht und sie mag mich genauso wenig. Im Übrigen glaube ich, dass sie überhaupt niemanden mag, jedenfalls nicht ihre Schüler. Für mich ist sie nichts weiter als eine permanente Lärmbelästigung, die ich möglichst in Gleichgültigkeit ertränke. Acht Stunden am Tag muss ich in einem Raum mit ihr verbringen. Darf ich vorstellen? Madame C., Grundschullehrerin.

Ich bin sieben Jahre alt und in der zweiten Klasse. Sieben Jahre, das Alter der Vernunft, wie man sagt. Seit meinem Geburtstag hat man mir das schon mindestens hundertmal wiederholt. Ein ganzes Jahr lang habe ich das zu hören bekommen. Von allen. In der Schule und außerhalb. »Du bist sieben Jahre alt, das Alter der Vernunft! Toll!« Ja wirklich, genial. Aber warum sieben und nicht acht oder sechs? Das haben sie mir nie verraten. Ins Alter der Vernunft kommt man mit sieben Jahren, heißt es. Und wer vernünftig ist, hat recht. Was soll das denn? Haben alle, die das sagen, etwa selbst den Verstand verloren? Das herrschende Recht ist doch immer das des Stärkeren. Das war mir damals nicht ganz bewusst, obwohl mein Vater es mir anhand einer Fabel von Jean de La Fontaine erklärt hatte: »Des Stärkeren Recht ist stets das beste Recht gewesen.« Die Gültigkeit dieses Lehrsatzes habe ich dann leidvoll am eigenen Leib erfahren, natürlich in der Schule.

Ich denke da besonders an eine Lehrerin in der Sechsten, die mit unerschütterlicher Überzeugung behauptet hat: »Ihr wisst doch genau, dass der Lehrer immer recht hat.« Da habe ich es verstanden. In diesem Moment wussten alle Schüler, dass das nicht stimmt, aber sie hatte trotzdem recht. Nicht weil sie vernünftig war, sondern, weil sie die Macht hatte.

Dies ist eines der grundlegenden Dinge, die ich in der Schule gelernt habe: dass Vernunft, Macht und Stärke immer miteinander einhergehen. Wenn ein Element dieser Trias fehlt, funktioniert es nicht. Mit sieben Jahren verfügt man weder über Stärke noch über Macht. Es ist also totaler Blödsinn, einem Siebenjährigen das als Alter der Vernunft zu verkaufen. Aber das macht nichts, verbreitet die Mär ruhig weiter, um eure Kinder in diesem ach so tröstlichen Glauben zu lassen. Es ist wie mit dem Weihnachtsmann, sie werden schon früh genug merken, dass die Geschichte nicht stimmt.

RECHT – STÄRKE – MACHT

Warum steht nicht diese Inschrift am Eingang jeder Schule und jeder Universität? Oder an jedem Rathaus, Ministerium, Justizpalast und an allen anderen offiziellen Bauwerken? Es würde dem, was einem in diesen Gebäuden begegnet, sehr viel näherkommen als die fromme Lüge, die üblicherweise dort steht:

FREIHEIT – GLEICHHEIT – BRÜDERLICHKEIT

Freiheit. Gleichheit. Brüderlichkeit. Davon habe ich an meiner nach dem bedeutenden Anwalt und Politiker Jules Ferry benannten Schule überhaupt nichts gelernt. Es ist eine umfassende politische Lüge, die einem von Kindesbeinen an eingetrichtert wird.

Kurz, ich bin sieben Jahre alt. Ich bin sieben Jahre alt und muss bei Madame C. Französisch lernen. Weil acht Stunden täglich natürlich nicht genügen, diktiert uns Madame C. am Ende jedes Schultages die Hausaufgaben für den nächsten Tag. Aus dem Gedächtnis klingt das an jenem Nachmittag in etwa so: »Unterstreicht im folgenden Satz das direkte oder indirekte Objekt und ersetzt es mit dem Eigenschaftswort im zuvor eingerahmten Hauptsatz durch den Nebensatz.«

Zu Hause, es ist neun Uhr abends. Die ganze Familie sitzt am Esstisch, und keiner, nicht einmal mein Vater – ein bekannter Onkologe, hervorragender Medizinprofessor und an etlichen Universitäten diplomierter und mit x Preisen und Anerkennungen unterschiedlichster Art ausgezeichneter Forscher –, versteht den Wortlaut der Aufgabe. Ich habe große Angst. Ich habe Angst, weil ich weiß, dass Madame C. noch lauter schreien wird als sonst und mich bestraft, wenn ich die Aufgabe nicht oder nicht richtig gelöst habe. Ich habe noch nie eine Strafe bekommen. Ich möchte nicht, dass mir das passiert. Obwohl ich ein unaufmerksamer, durchschnittlicher Schüler bin und oft das Thema verfehle, bin ich in Betragen herausragend: eine glatte Eins. Immer. Man sollte meinen, dass sich Gleichgültigkeit zumindest in diesem Fach bezahlt macht. Angst ist das Fach, das an der Schule am besten unterrichtet wird. Angst, Rivalität und Unterwerfung – all das wird benotet. In mein Französischheft schreibt mein Vater ein paar Zeilen für die Lehrerin, die – im Gegensatz zu ihrer Aufgabe – den Vorteil haben, klar und deutlich zu sein. In drei Sätzen erklärt er ihr, weswegen ich die Hausaufgabe nicht gemacht habe. Ich beruhige mich, indem ich mir einrede, dass Madame C. Verständnis haben wird.

Der nächste Morgen, neun Uhr. Wie jeden Tag werden die Hausaufgaben nachgeschaut. Die aller Schüler. Einer nach dem anderen muss aufstehen, ans Lehrerpult gehen und Madame C. seine Hausaufgabe zeigen. Wenn sie nicht zufrieden ist, wirft sie dem Schüler das Heft an den Kopf. Der hebt es dann auf und kehrt an seinen Platz zurück. An diesem Morgen wiederholt sich dieser Vorgang bei allen, anscheinend hat niemand die Aufgabe verstanden. Ich bin an der Reihe. Ich fürchte mich vor der Reaktion von Madame C., sage mir aber zu meiner Beruhigung, dass die Worte meines Vaters mich schützen werden. Zaghaft lege ich mein Heft auf ihr Pult. Sie liest die Nachricht, läuft rot an. Dann bricht ein Schwall schriller Beleidigungen aus ihrem kleinen, trockenen und verkniffenen Mund. Mein Heft segelt durch die Luft. Außerdem wird mir eine besondere Ehre zuteil: Die Holzbürste, mit der wir die Tafel abwischen, fliegt hinterher und saust haarscharf an meinem Kopf vorbei. Sie brüllt weiter, selbst nachdem ich mein

Heft aufgehoben und mich wieder gesetzt habe, und bewirft mich mit Kreide. Was ich schon seit dem Anfang des Schuljahres ahnte, tritt ein.

Ich bin jetzt offiziell Madame C.s Prügelknabe.

Tränen gönne ich Madame C. nicht. Ich weiß noch, wie ich mich exakt in diesem Augenblick ärgerte, dass ich noch ein Kind bin. Ich stellte mir vor, wie ich ihr als Erwachsener das Heft, die Holzbürste und die Kreidestücke an den Kopf geschleudert hätte.

Aber in diesem Moment mache ich zu und beschließe, dass es Zeit ist, meine Heere wieder aufzustellen und meine Schutzwälle zu befestigen, ich will sie verstärken und umgehend ein so hohes und solides Tor hochziehen, dass ich Sie nicht einmal mehr sehen kann, Madame C. Die Mauern sollen so dick sein, dass Sie sich die Lunge aus dem Leib schreien können und ich Sie trotzdem nicht höre, und mein Turm soll derartig hoch sein, dass er bis über die Wolken ragt und Sie verschwunden sind. Die Zugbrücken, die ich heruntergelassen, und die Schießscharten, die ich gerade ein wenig geöffnet hatte, werde ich alle wieder hochziehen und verrammeln. Dann werden Sie nur die Mündungen meiner Kanonen und die Pfeilspitzen meiner Bogenschützen aus dem Turm herauslugen sehen, und dahinter werde ich außerdem Katapulte und Armbrüste aufbauen, um lodernde Geschosse abfeuern zu können, und wenn meine Zugbrücke sich einen Spaltbreit öffnet, dann bloß, um Horden rasender Ritter in blutroten Rüstungen auf wutschnaubenden Schlachtrössern hinauszulassen, zusammen mit bestialischen feuerspeienden Drachen.

Gott sei Dank ließ meine Mutter mich die Fundamente meines Turms nicht erneut verstärken. Wenige Tage später wechselte ich für den Rest des Schuljahrs an eine andere Schule mit einer einzigen Klasse. Kurz darauf wurde Madame C. wegen Depressionen für lange Zeit krankgeschrieben. Zum Glück!

So kam es, dass ich mit sieben Jahren, im Alter der Vernunft, um ein Haar zu einem hasserfüllten, in seinem Leid gefangenen Geschöpf geworden wäre.

III Die schwarzen Jahre

Vom Widerstandskämpfer
zum Kollaborateur

Das Leben geht weiter. Ein Kapitel endet, ein neues beginnt: die weiterführende Schule. Vorbei ist die Dorfschule. In der fünften Klasse war ich ein Großer, jetzt komme ich in die sechste und gehöre wieder zu den Kleinen. Die neue Schule besteht aus vier Klassen – Sechste, Siebte, Achte und Neunte. Unser Grundschullehrer hatte uns gewarnt: »Passt gut auf, ab nächstem Jahr wird euch nichts mehr geschenkt.« Er ahnte nicht, wie recht er hatte.

In den Sommerferien genieße ich die ruhige Zeit. Sie vergeht zu schnell. Schon ist Ende August. Meine Mutter schlägt mir vor, die weiterführende Schule in unserem Bezirk zu besuchen, wo der Schulbus hinfährt. Das ist einfacher, ich muss nicht in die Stadt in über zehn Kilometern Entfernung gebracht werden. Für Mama ist das besser, aber auch für mich. Ich möchte niemandem zur Last fallen.

Meine Mutter, meine Schwester und ich gehen in einen großen Supermarkt, um Schulsachen zu kaufen. Sie riechen gut, neu und nach Veränderung. Da bin ich bei der Aussicht auf ein neues Leben noch ganz aufgeregt, aber meine Illusionen werden mir schnell ausgetrieben. Wieder zu Hause kann ich meinen neuen Ranzen kaum hochheben, nachdem wir alle Bücher, Stifte, Ordner und Hefte eingepackt haben. Meine Mutter stellt ihn auf die Badezimmerwaage: vierzehn Kilo. Ich wiege vierzig.

Lange habe ich gerätselt, warum man junge Schüler im Zeitalter des Computers, virtueller Welten und der Entmaterialisierung zwingt, eine Tasche zu tragen, die, wenn sie zart gebaut sind, bis zu halb so schwer ist wie sie selbst. Heute glaube ich, die Antwort zu kennen: Es ist eine politische Entscheidung. Die Jugendlichen sollen gebrochen werden, damit sie sich nicht auflehnen. Auf diese Weise lernen sie unwillkürlich, unter der Last von Pflichten und Schuldgefühl gebückt zu gehen.

Ich mag ja meine kleinen Gewohnheiten und Rituale haben, aber Routine hasse ich. Und so sieht meine neue Routine aus:

6.45 Uhr: Aus der Traum, der Wecker klingelt.
7.30 Uhr: Ich bin geduscht, angezogen und habe mein Frühstück hinuntergeschlungen. Meine Mutter bringt mich zum Bus. Im Winter fahren wir mit dem Auto

hin. Bei der Haltestelle angekommen merke ich wieder einmal, dass das falsch war: Die anderen Kinder sind allein gekommen. Im Winter versuchen sie durch die beschlagenen Scheiben unseres Autos hineinzulinsen. Im Stillen wünschte ich, die Scheiben wären noch dichter beschlagen, damit ich sie nicht sehe. Ich weiß, dass ich in wenigen Minuten in ein neues, größeres Fahrzeug umsteigen muss, wo ich zusammen mit ihnen eingesperrt sein werde. Ich koste diese letzten Augenblicke im beschlagenen Auto aus, zusammen mit meiner Mutter, einem der wenigen Menschen auf der Welt, die mich lieben.

7.45 Uhr: Der Bus kommt. Obwohl die Scheiben beschlagen sind, hüte ich mich davor, meine Mutter vor den anderen zum Abschied zu küssen – ich habe schon begriffen, dass ich sonst dafür büßen muss. Also drücke ich nur unauffällig ihre Hand auf dem Schalthebel. Ein leichter Druck, damit sie mir ihre Energie überträgt. Mit elf Jahren weiß ich, dass jedes sichtbare Zeichen der Zuneigung unangebracht und verwerflich ist. Ich muss ein Roboter sein, eine Maschine. Eine Kampfmaschine. Doch das habe ich nicht von meiner Mutter gelernt. Ich habe es selbst verstanden und wende dieses Wissen nun an. Ich steige aus. Mit dem vierzehn Kilo schweren Ranzen auf dem Rücken. Er tut mir weh. Ich darf mir nicht anmerken lassen, wie schwer es mir fällt, sein Gewicht zu tragen, und halte mich kerzengerade. Ich bin stark. Den ganzen Winter trainiere ich zusammen mit meinem Vater beim Holzhacken. Tonnenweise Stere Holz gehen auf mein Konto. Ich habe Scheite gestemmt und gespalten, die sehr viel schwerer waren als dieser elende Ranzen.

Ich steige ein. Die Kinder werden wirklich immer dümmer, oberflächlicher und lauter. Aber auch immer kräftiger. Während der ganzen Fahrt dröhnt ihr Geschrei durch den Bus, im Hintergrund der aktuelle Hit. Immer läuft derselbe Sender im Radio: der des Schwachsinns und der Supermärkte. Eine kleine, dominante Gruppe hat mich eindeutig als den »etwas merkwürdigen Typen« ausgemacht, als den, der nicht ins Schema passt, der sich nicht ihren Gesetzen unterwirft, der ihrem Blick standhält und nicht vor ihrem kleinen Trupp kuscht. Kurz: als den, den es niederzumachen gilt. Es geht los. Die Folter beginnt. Zweimal täglich muss ich sie über mich ergehen lassen. Auf dem Hin- und auf dem Rückweg.

»Schau zu Boden«, befehlen sie.

Ich sage kein Wort und blicke dem Anführer in die Augen.

Er verpasst mir eine Ohrfeige.

Ich hebe den Kopf wieder und werfe ihm meinen finstersten, tödlichsten Blick zu. Ich habe gelernt, den Leuten bis auf den Grund ihrer Seele zu blicken, muss ihnen aber im Gegenzug auch einen kleinen Teil meiner Seele ausliefern. Eine harte Lektion. Und jetzt soll ich also zu Boden schauen? Niemals! Lieber sterbe ich! Der ganze Bus senkt den Blick vor dieser kleinen Bande. Alle außer mir. Obwohl ich alleine bin. Ich habe weder eine Clique noch eine Armee. Mein imaginäres Heer steht hinter mir, bereit, diese Möchtegernchefs, diese kleinen Diktatoren zu zermalmen.

»Schau zu Boden, du kleiner Dreckskerl.«

Meine ganze Wut ist in meinem Blick gebündelt.

Zweite Ohrfeige, kräftiger als die erste. Ich durchbohre die Fieslinge mit den Pfeilen meines Hasses und meiner Wut. Meine Augen schleudern Blitze, es sind zwei scharfe Dolche, ich töte sie mit Blicken und behalte den Kopf oben.

Dritte Ohrfeige. Ich unterwerfe mich nicht. Am liebsten würde ich ihnen an die Gurgel gehen, ihnen die Stimmritze mit den Zähnen herausreißen, ihre Hoden zerquetschen, sie abreißen und ihnen anschließend an den Kopf werfen. Aber ich tue es nicht. Ich prügele mich nicht. Schlägereien gehe ich grundsätzlich aus dem Weg: Ich weiß, dass ich mich nur prügeln würde, um zu töten.

Sie begreifen, dass es nichts nützt, mir etwas zu befehlen. Meinem herausfordernden Blick können sie nicht standhalten, also packen sie mich beim Nacken, um mich zu zwingen, den Kopf zu senken, und bespucken mich. Mit der freien Hand rubbeln sie mir kräftig über den Schädel. Eine »Kopfwäsche« nennen sie das. Einer nach dem anderen wäscht mir den Kopf. Ich bin zu ihrem Lieblingsspielzeug geworden. Sobald sie mich loslassen, trotzt mein glühender Blick wieder ihren rindviechigen, nach Gewalt und Erniedrigung dürstenden Augen. Keine Träne, keinen Schrei werden sie mir entringen. Nichts. Also gehen sie dazu über, mich von hinten anzugreifen, und schnipsen mir den Rest der Fahrt gegen die Ohrläppchen. Das mag nicht weiter schlimm klingen, doch wenn jemand das immer wieder und dazu noch kräftig macht, ist es sehr unangenehm. Geduldig warte ich das Ende des Martyriums ab und träume insgeheim davon, dass ich auf einem Schlachtfeld stehe, ihnen Arme und Beine abhacke und ihre Rümpfe anschließend an Metzgerhaken aufhänge. Ihre Köpfe leben noch. Selbstverständlich gebe ich ihnen nicht den Gnadenstoß, damit sie in den Genuss des blutigen Schauspiels ihrer verstümmelten Körper kommen. Erst wenn sie sich daran sattgesehen haben, steche ich ihnen die Augen aus.

Die Quälerei zog sich über mehrere Monate hin. Auf dem Hin- und auf dem Rückweg. Der Anfang und das Ende meiner Tage in der Hölle. Eines Abends bemerkt meine Mutter Blut an meinen Ohrläppchen. Sie fragt mich, ob jemand dagegenschnippt. Nein, antworte ich. Schlimm genug, dass ich ein Problemfall bin, ein Opfer will ich nicht sein. Ich brauche weder dich noch sonst jemanden, um mich gegen diese Rohlinge zu verteidigen. Später, wenn ich groß und stark bin, bringe ich sie alle um. Ich möchte nicht mehr beschützt werden, egal von wem.

Am Nachmittag weiß ich wenigstens, dass ich es bald geschafft habe. Da ich nicht schnell laufen kann, weil mein Ranzen zu schwer ist, sind die vorderen Plätze oft schon besetzt. Also lande ich meistens irgendwo in der Mitte, wo meine fröhlichen Quälgeister mich bereits ungeduldig erwarten. Kein einziges Mal senke ich den Blick. Als ich es nicht mehr aushalte, setze ich zu Hause einen Brief an den Staatspräsidenten auf. Ich unterrichte ihn über die abscheuliche Haltung der Kinder in den Schulbussen, über ihre Gewalttätigkeit, und fordere ihn auf herzukommen, um sich selbst ein Bild zu machen oder umgehend einen Minister zu schicken.

Den Entwurf zeige ich meiner Mutter. Mama schlägt mir eine andere Lösung vor: Sie sucht die Telefonnummer des Bandenanführers raus und ruft ihn sofort an, damit er aufhört, mich zu terrorisieren.

Die folgenden Fahrten verlaufen ruhiger, doch die Atempause ist nur von kurzer Dauer. Sie nehmen die Lynchjustiz umso erbitterter wieder auf, als sie mir zeigen wollen, dass sie an Bord als Einzige das Sagen haben und dass sie sich von nichts und niemandem einschüchtern lassen. Schon gar nicht von einem »kleinen Dreckskerl«. Das Einzige, womit ich mich wehren kann, ist mein hasserfüllter Blick. Immer und immer wieder probe ich den Widerstand. Da beschließt meine Mutter, sich an die Schulleitung zu wenden. Ich bin nicht einverstanden, aber ihre Entscheidung ist getroffen. Die Bande muss vor dem Schulleiter, dem stellvertretenden Schulleiter und dem Schulbeauftragten für Disziplinarfragen erscheinen und wird energisch zur Ordnung gerufen, danach hören die Quälereien urplötzlich auf, wie durch Zauberhand.

Wie erwartet ersetzen mörderische Blicke und Getuschel die Schläge, die Beschimpfungen und das Bespucken. Man siezt mich, nennt mich »Monsieur Horiot«. Ich bin ein Verräter. Ich habe eine Reihe von Namen genannt, bin jetzt also ein Denunziant. All das, weil ich mich nicht allein verteidigen und diese fünf Canaillen mit einem Streich erlegen kann. Arschkriecher, Streber und Petze nennt man mich. Mein Selbsthass wird noch größer, dieses neue Etikett, das man mir verpasst hat, ist mir unerträglich. Ich bin gebrandmarkt. Es stimmt: Jetzt bin ich ein Kollaborateur. Zum Feind übergelaufen. Dabei wollte ich doch ein Widerstandskämpfer sein …

Positive Diskriminierung

Feierliche Erklärung unseres Französischlehrers eines Nachmittages im Herbst: »Eure Jahre an der weiterführenden Schule entscheiden darüber, ob ihr in Zukunft zu den Armen oder zu den Reichen gehört.«

Noch eine dieser frommen, aber weitverbreiteten Lügen. Als ob man gut in Französisch sein müsste, um beispielsweise ein großer Schriftsteller zu werden. Meine Mutter hat fast zwanzig Bücher geschrieben, einige wurden in zahlreiche Sprachen übersetzt. Dabei war sie furchtbar schlecht in Französisch: Sie hatte immer nur Sechsen. Mit fünfzehn Jahren verließ sie die Schule, trotzdem kann sie um einiges besser mit Wörtern und Sätzen umgehen als dieser Kasper, der meint, er würde uns Molières Sprache näherbringen. Das Französisch, wie es größtenteils an der Schule unterrichtet wird, verleidet uns im Gegenteil die Liebe zur Poesie und zur Sprache. Sinn und Zweck des Sprachunterrichts ist es, das Hirn der letzten Träumer immer wieder gründlich mit Eiswasser durchzuspülen, um seriöse Karrieristen aus ihnen zu machen, die sich voller Engagement für die größten Banalitäten einsetzen.

Unser Französischlehrer ist sehr streng. Er bringt uns viele besonders schwierige und ausgesprochen nutzlose Dinge bei. Am Anfang jeder Stunde schreiben wir einen Test über die Lektion des Vortags. Alle, die weniger als vier Punkte bekommen, müssen am Mittwoch, dem einzigen freien Nachmittag, zwei Stunden nachsitzen. Meistens schaffe ich es ganz knapp, nicht dabei zu sein. Mit einem Ausreichend, wie es heißt. Könnte besser sein. Nein, eben nicht, für euch reiße ich mir nicht die Beine aus. Ihr klaut mir so schon genug Zeit. Zwölf Stunden am Tag, die Hausaufgaben mit eingerechnet. Und dabei werde ich nicht einmal dafür bezahlt. Ich habe weder Zeit noch Raum zum Träumen.

An einem Morgen ging es bei der täglichen Übung um Phoneme und Grapheme. Der Französischlehrer hatte die Angewohnheit, die besten Arbeiten zuerst zurückzugeben und dann in absteigender Reihenfolge die schlechteren, wobei er die Noten jedes einzelnen Schülers laut verkündete. Bei der Grenze von vier Punkten angekommen, hatte ich meine Arbeit immer noch nicht zurück. Ich machte mich auf das Schlimmste gefasst: zwei zusätzliche Stunden meiner Zeit in dieser Hölle verbringen zu müssen. Die Urteile wurden gesprochen. Drei Punkte, zwei Punkte … Jetzt bekamen alle, die diese Woche nachsitzen mussten, ihren Test wieder. Ich war der Schlechteste von allen. Der Lehrer legte mir wortlos meine Arbeit auf den Tisch und kehrte an sein Pult zurück. Ich hatte nur einen Punkt. Dann las der Lehrer die Namen der Schüler vor, die nachsitzen mussten. Mir krampfte sich der Magen zusammen, doch ich wurde nicht aufgerufen. Warum?

Während meiner ganzen Schulzeit musste ich kein einziges Mal nachsitzen. Immer konnte ich mich gerade so durchmogeln. Aber warum war mir das auch diesmal gelungen? Ob mich wohl meine ewige, unabänderliche Eins in Betragen rettete? Ein Versehen war das nicht, da bin ich sicher. Schließlich hatte der Lehrer mir meinen Test zuallerletzt zurückgegeben, ohne Kommentar. Sollte das ein Beweis seiner unendlichen Güte mir gegenüber sein? Oder hing diese ungerechtfertigte Vergünstigung mit meinem neuen Status als Kollaborateur zusammen? Damals war ich zwar erleichtert, aber nicht dankbar. Und das bin ich auch heute nicht. Für Almosen bedankt man sich nicht.

Ich bin mir sicher, dass die Nachsicht seinem Mitleid geschuldet ist. Mitleid ist in meinen Augen einer der schändlichsten Beweggründe, und gleichzeitig bin ich mir durchaus bewusst, dass die meisten Lehrer an der weiterführenden Schule nichts anderes für mich empfinden. Mitleid, Unverständnis oder sogar beides zusammen. Mein Selbsthass wird immer größer. In meinem Bauch rühren Messer herum, und mein einziger Wunsch ist, dass sie es endlich schaffen, mich innerlich abzutöten, jeden Tag ein bisschen mehr.

Die Futterkrippe für Schweine

Es ist zwanzig nach zwölf. Jetzt erklingt dieses schreckliche Läuten. Alle stürmen zur Kantine. In der Eingangshalle schiebt sich, wie jeden Tag, eine Dutzende Meter lange Warteschlange voran, doch immer wieder kommt sie zum Stillstand. Eine von Rot auf Grün schaltende Ampel steuert die Bewegung. Eine junge Aufseherin, wie immer überfordert, regelt den Verkehr. Allerdings muss man ihr zugutehalten, dass sie allein dreihundert hungrigen Schülern gegenübersteht. Ich habe keinen Hunger. Auf meiner Kantinenkarte wie auf allen anderen Anwesenheitslisten heiße ich Julien Horiot, ich bin Julien der Tote. Und Tote essen nicht. Aber ich muss meine Kantinenkarte abstempeln lassen. Deshalb gehe ich hin. Am Ende der Schlange hole ich mir bei der Selbstbedienung ein Tablett ab, betrete die Kantine, setze mich an einen Tisch, rühre mein Essen nicht an, stehe auf, stelle das Tablett an der dafür vorgesehenen Stelle ab und gehe zum DIZ, dem Dokumentations- und Informationszentrum, oder in die Bibliothek, um dort das Läuten abzuwarten, dass die Fortsetzung dieser endlos langen Tage ankündigt.

An jenem Tag herrscht in der Warteschlange besonders große Unruhe. Vielleicht, weil Bœuf Bourguignon auf der Speisekarte steht? Keine Ahnung … Ich habe mich in die Reihe gestellt und lasse wie üblich das ununterbrochene Drängeln und Schubsen über mich ergehen, und das alles nur, um meine Kantinenkarte abzustempeln. Wie absurd! Als die Ampel länger als sonst rot bleibt, gerät die Menge in Aufregung, die Herde muht. Der Aufseherin fällt es zusehends schwerer, die Wut dieser Horde von Mägen auf vier Beinen, die ihre Gefräßigkeit immer lauter herausschreien, zu bezähmen.

Die Ampel springt auf Grün. Eine große Welle gerät in Bewegung. Ich erstarre erst und lasse dann los, lasse mich von dieser fleischfressenden Menge erfassen. Nun torkele ich im hastigen Strom der Ausgehungerten mit. Ich überlasse mich ihm, lasse mich fallen. Die Bewegung reißt nicht ab. Sie trampeln über mich hinweg. Anstatt mich zu schützen, liefere ich mich aus, gebe mich hin. Eilig, ungeduldig trampeln sie auf mir herum. Sie haben Hunger und ich bringe mich ihnen dar. Mir ist jeglicher Hunger vergangen. Die Aufseherin schreit, doch der Strom reißt nicht ab. Dann springt die Ampel wieder auf Rot. Die Aufseherin bahnt sich einen Weg durch die Menge. Sie zieht mich hoch.

Ob alles in Ordnung ist, fragt sie.

Ja, sage ich.

Sie fragt mich, ob ich ins Krankenzimmer gehen möchte.

Nein, antworte ich.

Ich stelle mich wieder in die Schlange.

Der Brustkorb tut mir höllisch weh, und es geht mir alles andere als gut.

Ich habe meinen Abgang vermasselt, aber wenn nötig, würde ich auch heute noch stempeln gehen.

Rasierklingen im Mund

Ich habe es mir klargemacht: die siebte, achte und neunte Klasse, das ist wie bei der dritten, vierten und fünften Grundschulklasse. Noch drei Jahre. Eine lange Zeit. Da ich mich nicht mit Schlägen verteidigen kann, muss ich mich eben mit meiner Sprache verteidigen. Die Wörter, die aus meinem Mund kommen, sollen meine Waffe sein. Eine gefährliche Waffe. Sie werden mich retten. Töten werden sie. Sprechen, um zu töten.

Unsere neue Französischlehrerin hat uns den Unterschied zwischen Umgangssprache, Standardsprache und gehobener Sprache erklärt. Ich drücke mich gewählt aus. Dann liegt die Messlatte also sehr hoch. Für die anderen hingegen gilt keine der drei Sprachebenen. Ich würde sagen, dass sie eine flegelhafte, vulgäre Sprache sprechen. Noch unterhalb der Umgangssprache. An der Grenze des Akzeptablen. Kein Stil, keine Klasse, gar nichts. Ihr Mund ist einfach nur zum Grölen da und um am laufenden Band Beleidigungen auszuspucken.

Wenn diese Beleidigungen an mich gerichtet sind, antworte ich:

»Ihr seid meine Verachtung nicht wert.«

Wenn ich Mitschüler im Schulkorridor auf den Boden spucken sehe, sage ich:

»Spart euch euren Speichel, ihr werdet ihn noch benötigen, um sprechen zu lernen.«

Im DIZ, einem üblicherweise ruhigen und stillen Ort, erzähle ich einer immer größer werdenden Gruppe von Schülern, die sich um meinen Tisch drängen, Geschichten. Sogar die Angestellte hört mir aufmerksam zu. Ich erzähle ihnen mein Leben:

»Ich lebe auf einem großen Anwesen, dessen Schieferdächer bis in den Himmel hinaufragen. Der Familienwohnsitz auf dem Berg thront majestätisch oberhalb des Dorfes. Ich bin der Herr von Louvières.« Einer meiner Zuhörer, ein Großer aus der Neunten, unterbricht mich:

»Wenn du so 'n großer Herr bist, wie du sagst, dann versteh ich nich, was du an 'ner ollen Penne wie unsrer zu suchen hast.«

»Eine ausgezeichnete Frage! Ich bin gekommen, um mich persönlich von den verabscheuungswürdigen Zuständen an dieser Schule zu überzeugen. Ich bin hier, in eurer Gemeinschaft das Los zu erleiden, das dem Großteil der Jugend an den weiterführenden Schulen hierzulande zuteilwird. Darüber werde ich höheren Ortes Bericht erstatten, das könnt ihr mir glauben. Ihr könnt versichert sein, dass die Dinge sich zum Besseren wenden werden, wenn ich mich eurer Sache annehme. Ich bin fest entschlossen, dieses überaus dringliche Problem zu lösen. Wer sollte es auch sonst tun, wenn nicht ich?«

Kurze Zeit später bittet die Französischlehrerin meine Mutter zu einem Elterngespräch:
»Es gibt da ein Problem, Madame: Ihr Sohn. Er drückt sich zu gewählt aus. Das sollte er in Zukunft lieber bleiben lassen und sich dem Niveau seiner Klassenkameraden anpassen.«

Offensichtlich ist ihr zu Ohren gekommen, was ich so im DIZ von mir gebe. Das dürfte denen da oben gar nicht gefallen. Meine Mutter erzählt mir von ihrem Gespräch mit der Lehrerin. Sie ist völlig verwirrt. Ich hingegen werde rasend vor Wut. Es ist mir so schwergefallen, überhaupt zu reden, und jetzt wollen sie mich meiner Sprache berauben, weil sie ihrer Mittelmäßigkeit nicht geziemt. Sie, die es wagen zu behaupten, sie würden uns Wissen vermitteln, wollen mir also den Mund verbieten! Dies ist der unwiderlegbare Beweis, dass das Bildungswesen in Frankreich nur dazu dient, seine Kinder unter einer bleiernen Last zu erdrücken und sie in ein Einheitsformat der Ahnungslosigkeit und Unterwerfung zu pressen. Nein, ich lasse mich nicht in dieses Format zwängen! Ich werde mich nicht unterwerfen!

Eines Tages nannte die Lateinlehrerin mich einen arroganten Schnösel. Heute will ich Ihnen antworten, Madame. Was Sie als Arroganz bezeichneten, waren für mich hohe Ansprüche. An mich, aber auch an die anderen. Und sollte es denn nicht zu Ihrer Aufgabe als Hohepriesterin des Wissens gehören, denen zur Seite zu stehen, die über sich hinauswachsen, nach dem Höchsten streben wollen? Doch stattdessen haben Sie diese Schüler lieber durch den Schmutz gezogen. Rüpelhaftigkeit war Ihnen also lieber? Einen Kraftausdruck wollten Sie hören? Gut, dann habe ich jetzt einen für Sie parat. Damals habe ich geschwiegen, doch heute will ich Ihnen in einem Anflug äußerster Großzügigkeit Ihren Wunsch erfüllen. Sie werden sehen, wie großmütig ich bin – und damit sich keiner benachteiligt fühlt, lasse ich niemanden aus.

Der versammelten Lehrerschaft, allen Rektoren und Konrektoren, sämtlichen Studiendirektoren und Oberstudiendirektoren, und allen anderen Besserwissern: »Ihr könnt mich alle mal!«

Odile

Sie ist groß, ihr lockiges Haar riecht nach Lavendel und durch die Maschen ihres weißen Pullovers erahne ich ihre Brüste. Sie dürfte um die dreißig sein, ihr Name ist Odile und sie ist Pausenaufseherin. Ich bin zwölf Jahre alt und gehe in die siebte Klasse. Die 7E.

Der Schüler Julien Horiot aus der 7E verbringt seine Zeit gern mit Odile, der schönen Odile. Auf einer Bank hinten auf dem Schulhof, etwas abseits. Immer dienstags und donnerstags in der Frühstückspause. Das sind Odiles Tage. Odile ist schön, sehr schön sogar. Doch Julien weiß, dass er nie an sie herankommen wird. Also setzt er sich neben sie und bleibt da sitzen. So lange wie möglich, so nah wie möglich, doch er berührt sie nie.

Sie reden miteinander. Über alles. Julien erzählt ihr, wie sehr er die Schule verabscheut. Odile antwortet ihm, dass das nicht schlimm ist, dass es bald vorbei sein wird. Später würde Julien eine Menge interessanter Sachen machen, da sei sie sicher. Julien stellt sie sich unbekleidet vor, wie sie immer weiter mit ihm redet. Beide sind in diesen Pausen kaum von dieser Welt.

Odile trägt hohe Absätze und hat schöne Beine. Juliens Blick verliert sich gern dort, wo ihre Schenkel zusammenkommen. Vielleicht weiß sie das, doch sie sagt nichts. Odile hat große Augen und Julien ertrinkt darin. Schiffbrüchig gleitet er über Odiles Haut und verliert sich in ihr.

Wie ein schöner Traum verschwindet Odile eines Tages. Im nächsten Schuljahr ist sie weg. Aber die Bank ist geblieben. Andere sitzen darauf.

Odile hat gut daran getan, diese Hölle hinter sich zu lassen.
Sie hat gut daran getan, nicht auf Julien zu warten.
Julien ist noch nicht mit den Monstern fertig.

Ich bin noch nicht mit euch fertig, ihr Versager.

Ich und die Politik

Mir ist klar, dass alles den Bach runtergeht. Hugo ist nicht verlogen und heuchlerisch genug, um sich in die bestehende Ordnung zu fügen. Also beobachte ich stattdessen die damals beliebtesten Lügner. Es ist eine ideale Zeit: Wir schreiben das Jahr 1995, und wir befinden uns mitten im Präsidentschaftswahlkampf. Ich sehe mir alle Fernsehdebatten an, lasse keine aus, ich beobachte die mit kleinen, mörderischen Sätzen ausgetragenen blutigen Duelle. Ich merke mir Mimik, Gestik und Haltung der Kontrahenten. Ich beurteile, was gut und was schlecht ist, was man tun sollte und was nicht. Sorgfältig liste ich die Fehler auf, die es zu vermeiden gilt, versuche zu erkennen, worin erfolgreiche Lügen bestehen. Ich muss mich zum Lügenvirtuosen entwickeln, noch besser oder vielmehr noch schlechter werden als sie. Am Ende erkenne ich, dass die Präsidentschaftskandidaten in einer ähnlichen Situation sind wie ich an der Schule: Keiner mag sie, und im Gegenzug verachten sie alle anderen. Allerdings sind sie darauf angewiesen, möglichst viel Sympathie zu erwecken. Sonst sind sie weg vom Fenster.

Beim Schlussduell tritt Jospin gegen Chirac an. Es musste ja so kommen: Der größte Lügner gewinnt. Ich hatte auf ihn gesetzt und mit mir selbst Milliarden Dollar auf seinen Sieg gewettet. Eine gute Wahl.

Das neue Schuljahr beginnt. Ich gehe in die achte Klasse und habe mir ein Ziel gesetzt: die Macht zu ergreifen. Ich bin zu jung für das Amt des Staatspräsidenten, außerdem ist die Stelle schon besetzt. Das ist aber nicht weiter schlimm. Dann sammle ich eben Erfahrung, indem ich mich um den Posten des Klassensprechers bewerbe. Eine Wahlkampagne will gut vorbereitet sein, das habe ich im Fernsehen gesehen. Ich schreibe meinen Namen auf A4-Blätter, die mir als Transparente und Plakate dienen. »Wählt Horiot.« So einfach ist das. Einige Mitschüler sind sogar einverstanden, die Plakate herumzutragen und sie den anderen zu zeigen, wenn sie in der Schlange stehen, oder sie geben sie in den Stunden unter dem Tisch als Flugblatt weiter.

Der große Tag ist gekommen. Die Wahl findet im Kunstunterricht statt. Ironie des Schicksals: An diesem Tag sollen wir unseren Namen künstlerisch gestalten. In der Schule hat man mich bis zum Abitur immer Julien genannt. Mein Rufname, der auf allen Listen steht. Ich musste mich wohl oder übel daran gewöhnen. Um das auszuhalten, habe ich ihn vor mir selbst für tot erklärt.

Auf diese Weise muss ich nicht da sein. Heute male ich also den Namen Juliens des Toten. Eine Schlange stellt das J dar. Eine Giftschlange. Ihre gespaltene Zunge lugt heraus. Mein Werk ist das schönste von allen. Der Lehrer zeigt es herum und hängt es an die Tafel. Mein Bild stößt auf allgemeine Bewunderung. Ich bin zuversichtlich. Es kann losgehen. Die anderen Anwärter auf den Klassensprecherposten haben überhaupt keine Kampagne geführt. Der Klassenlehrer bittet die Bewerber aufzustehen und ihre Rede zu halten. Ich habe es nicht eilig, denn ich weiß, dass man sich das Beste bis zum Schluss aufheben soll. Ich lasse den anderen den Vortritt, sollen sie doch erst stammelnd ihr Sprüchlein aufsagen. Unwillig kommt einer nach dem anderen der Aufforderung des Lehrers nach, mit leerem Blick, unfähig, mehr als drei zusammenhängende Wörter hervorzubringen. Mitleiderregend. Kein Mumm, kein Charisma, gar nichts.

Insgeheim lache ich mir ins Fäustchen. Zwischen den einzelnen Reden klopfen mir meine Tischnachbarn auf die Schulter, bedrängen mich. Sie wollen hören, was ich zu sagen habe. Geduld, Geduld! Ich freue mich im Stillen, dass ich tatsächlich solche Erwartungen geweckt habe. »Eine gelungene Kommunikation« nennt man das in der Politik.

Es ist so weit, alle sind durch und einer war schlechter als der andere. Erbärmlich. Jetzt betrete ich die Arena. Ich stehe auf. Heute trage ich mein Sakko, eine dunkelblaue Hose und ein weißes Hemd. Aufrecht gehe ich durch den mittleren Gang nach vorne. Mein Herz klopft schneller als der langsame und sichere Rhythmus meiner Schritte. Meine Stunde ist gekommen. Es ist so weit. Nun stehe ich vor der großen schwarzen Tafel auf dem Podest. Man könnte eine Stecknadel fallen hören. Spannung liegt in der Luft.

Ein leises Raunen geht durch die Reihen. Eine Pause. Ich ziehe alle Aufmerksamkeit auf mich, lege los:

»Liebe Mitschülerinnen und Mitschüler, liebe Freunde. Ich verstehe eure Erwartungen und kann sie nachempfinden.

Die Aufgabe eines Klassensprechers zu erfüllen ist keine leichte Sache.

Er trägt eine wichtige, eine grundlegende Verantwortung.

Der Klassensprecher spricht nicht, sondern handelt.

Er hat die Aufgabe, eure Hoffnungen und Erwartungen auf den Schulkonferenzen kenntlich zu machen.

Der Klassensprecher muss sich ohne Unterlass für die Belange der Allgemeinheit einsetzen.

Und eure Interessen sind meine, wie auch meine Interessen eure sind.

Ja, ich bewerbe mich darum, diese schwere Last auf mich zu nehmen.

Und ich verspreche euch hiermit feierlich, dass eure Hoffnungen der alleinige Inhalt meines Feldzuges sein werden.

Wenn ihr mich für vertrauenswürdig haltet, dann lasst die Wahlurnen sprechen, damit ich in eurem Namen sprechen kann.«

Donnernder Beifall, mein Name wird skandiert, die Begeisterungsstürme der Menge zerreißen die angespannte Stille. So macht man das, so mobilisiert man ohne Programm und Idee die Massen. Man füge der feierlichen Ansprache eine Prise Populismus hinzu und schon hat man eine Rede, die eines zukünftigen Präsidenten würdig wäre.

Die Atmosphäre ist aufgeladen, die Abstimmung beginnt. Schon beim ersten Wahlgang werde ich mit überwältigender Mehrheit gewählt. Dreiundzwanzig von einunddreißig Stimmen. Über siebzig Prozent! In der ganzen Geschichte der Schule bin ich der Klassensprecher, der die größte Mehrheit errungen hat, vielleicht sogar für alle Zeiten. Ein Sieg auf ganzer Linie. Ich koste meinen Triumph aus, bin allerdings etwas enttäuscht, weil ich mich nicht mit einem ebenbürtigen Gegner messen konnte. Die verbliebenen acht Stimmen gehen an die fünf anderen Kandidaten, obwohl manche, die sich keine Mühe gegeben haben, keine einzige bekommen. Ach, das hatte ich ganz vergessen: Es gibt zwei Klassensprecher. Zusammen mit mir wird ein Mädchen gewählt, diejenige mit dem größten Rest, fünf Stimmen oder so. Seit Jahren ist sie mit ihrem Einser-Durchschnitt die beste Schülerin. Sie war immer Klassensprecherin. Zweifellos hat sie den Posten am ehesten verdient, er kommt ihr rechtmäßig zu. Aber ihre Rede war langweilig, akademisch und leblos. Die Urnen haben gesprochen: Obwohl es zwei Klassensprecher gibt, bin ich am Ende DER Klassensprecher. Witz und große Worte machen sich bezahlt. Es ist mir gelungen, mich in Szene zu setzen und diese Wahl in ein Kinderspiel zu verwandeln. Deswegen haben sie mich gewählt, doch das ist ihnen nicht bewusst. Sie sind mir bloß dankbar, dass ich sie zu einem unvorhergesehenen Zeitpunkt amüsiert habe.

Selbstverständlich gehen sie davon aus, dass ich mich jetzt um ihre Zukunft und ihre belanglosen Sorgen und Nöte kümmere. Dabei war ich nur auf eine kleine Flucht in die Glitzerwelt aus, einen Freigang von dem, was man die schulische Laufbahn nennt. Ich nenne es die Gefängnislaufbahn. Während einige Schüler vergebliche Attentatsversuche begehen, indem sie Plastikflaschen auf dem Hof abfackeln, und damit nichts anderes erreichen als ein paar Stunden Nachsitzen, stelle ich ungestraft einen politischen Putsch auf die Beine. Damit zeige ich ihnen eine lange Nase, vor aller Augen, in aller Öffentlichkeit. Aber natürlich weiß ich, dass nach dem Rausch des Sieges alles wieder so sein wird wie zuvor. Am Ende bringe ich es sogar zum unbeliebtesten Klassensprecher aller Zeiten. Im Grunde bin ich hinterher einfach wieder so unbeliebt wie vorher, mit dem Unterschied, dass ich jetzt einen Posten bekleide. Den des Klassensprechers. Des Sprechers der Vollidioten. Aus dem Mund derer, die mich gewählt haben, hört sich das allerdings eher so an: »ein völlig idiotischer Klassensprecher«.

Es stimmt ja auch, dass Klassensprecher ein idiotischer Posten ist. Keine Macht, keine Rechtmäßigkeit, gar nichts. Nicht einmal ein Dienstwagen. Außerdem habe ich mir mit dem Posten die Schulkonferenzen aufgehalst, wo ich diejenigen, die mich jeden Tag für mein Anderssein büßen lassen, vor denen verteidigen soll, die mir tagtäglich vorwerfen, welche Kluft mich von ihnen trennt. Schlimmer geht es nicht. Am Ende laufen all diese vermeintlichen Debatten unausweichlich auf denselben, vorprogrammierten Schluss hinaus: »Egal, was passiert, der Lehrer hat immer recht.« Eine gute Ausrede für die größten Idioten überhaupt.

Ich habe mein Amt nicht bis zum Schluss inne. Mitten im Jahr nimmt meine Mutter mich von der Schule. Ich stehe am Rand einer Depression, eine Haaresbreite davon entfernt, mich zu Julien in die schwarze Erde zu gesellen, für immer eingesperrt. Kurz bevor meine Mutter mich aus diesem finsteren Ort befreit, verkündet ein Mädchen, das etwas zu alt ist, um noch an der Schule zu sein: »Dieser Typ ist unglaublich, wenn man ihm in die Augen sieht, meint man, er will einen umbringen. Der wird Schauspieler. Garantiert.« Das hatte sie richtig erkannt. Allerdings hatte ich mich in der Zwischenzeit in eine derart verbitterte Kampfmaschine verwandelt, dass ich das kleine bisschen Wohlwollen, das mir einige wenige Menschen entgegenbrachten, nicht wertschätzen konnte.

Zu diesem Zeitpunkt beherrschte ich zwar die Kunst der Kommunikation, war aber völlig verschlossen. Und meine Schule war bestimmt nicht der richtige Ort, um das zu ändern. Später, sehr viel später, lerne ich, die Zügel schießen zu lassen.

IV Theater und Grenzüberschreitung

Ein Gigant des Kinos

Ich heile meine Verzweiflung an der Menschheit mit Schachpartien und Waldspaziergängen. Meine Mutter hat die weise, lebensnotwendige Entscheidung getroffen, mich aus der Hölle zu nehmen, die üblicherweise als weiterführende Schule bekannt ist. Improvisierte, wohlverdiente Ferien. Ich weiß, dass Gespräche bezüglich meines Wechsels an eine andere Einrichtung geführt werden. In der Zwischenzeit genieße ich die endlich wiedergefundene, zeitweilige Ruhe.

Manchmal tritt ein recht bemerkenswerter Mensch in mein Leben. Für sein Alter ist er groß. Vielleicht sogar ein bisschen zu groß: Obwohl er nur ein Jahr älter ist als ich, überragt er bereits seinen Vater, der selbst nicht gerade klein ist. Dieser Riese kommt uns gelegentlich besuchen. Meist trägt er denselben blau gestreiften Matrosenpullover. Während unsere Eltern sich unterhalten, spielen wir beide Schach und reden wenig. Dieser Koloss hat anscheinend nicht das Bedürfnis, viele Worte zu machen. Eine Seltenheit. Unsere Partien sind ausgeglichen, ich spiele sehr gern mit ihm. Er ist ein starker Gegner. Seit wir acht sind, haben wir uns immer wieder getroffen. Anfangs relativ selten und ohne die Begegnungen zu erzwingen. Erst später wurde das anders. Da war ich dreizehn, er vierzehn Jahre alt und dreißig Zentimeter größer als ich. Sein Name: Sacha.

Unsere Eltern diskutieren. Es geht darum, dass ich dieselbe Schule besuchen soll wie »Sacha der Gigant«. Eine kleine Schule mit einer einzigen Klasse pro Jahrgang. Diese Vorstellung finde ich beruhigend. Aber das ist nicht alles. Heute ist »Sacha der Gigant« nicht zum Schachspielen gekommen. Er schlägt mir ein anderes Spiel vor. Er möchte einen Film mit mir drehen, ich soll die Hauptfigur sein. Das hat einen Grund. Im Französischunterricht liest seine Klasse gerade das Buch meiner Mutter, *Stummer kleiner Prinz*,* das vor ein paar Jahren mit dem Preis der Jugendjury ausgezeichnet wurde. Anstatt ein normales Referat zu halten und das Buch zu besprechen, wie man es von einem Schüler wie ihm erwarten würde, möchte Sacha, ein angehender Regisseur, einen Dokumentarfilm drehen. Eine Doku mit dem »stummen kleinen Prinzen« in der Hauptrolle. Sacha hat nämlich keine Angst, sich die Finger zu verbrennen. Er gefällt mir wirklich. Außerdem finde ich die Idee großartig, an eine neue Schule zu kommen, nach-

* Françoise Lefèvre, *Stummer kleiner Prinz. Die Geschichte meines autistischen Kindes*, Heyne Verlag, München 1993.

dem dort ein Film mit mir in der Hauptrolle gezeigt wurde. Vor zwei Jahren hat meine Mutter mich gebeten, über meine Kindheit zu schreiben. Der Text mit dem Titel »Mein Gehirn« ist in voller Länge in ihrem Buch *Schwarze Wolke Niemandsland** erschienen. Doch diesmal soll ich nicht schreiben, sondern sprechen. Vor der Kamera. Ich soll Schauspieler sein. Bin dabei!

Sacha und ich machen uns sofort an die Arbeit. Kamera läuft ... und Action! Los geht's. Ich nehme Sacha an Orte mit, die ich gerne mag, zeige ihm den Wald meiner Kindheit, liefere ihm Bruchstücke meines inneren Königreiches. Eine Sequenz drehen wir vor der Grotte, eine weitere in den Bambussträuchern, Innenaufnahmen, Außenaufnahmen. Er stellt mir Fragen, ich antworte. Vor allem aber lachen wir viel. Manche Sequenzen müssen wir wegen unserer Lachanfälle mindestens sechs Mal drehen. Wir lachen uns kaputt. Wir lachen uns scheckig. Wir kringeln uns vor Lachen. Kurz, wir filmen.

Als die Montage abgeschlossen ist, entdecke ich, wie ich meine eigene Rolle auf der Leinwand spiele. Der Film heißt: »Hugo erzählt von Sylvestre«, und er ist großartig.

* Françoise Lefèvre, *Schwarze Wolke Niemandsland. Die Geschichte der außergewöhnlichen Heilung des autistischen Kindes Julien-Hugo*, Quadriga Verlag, Weinheim/Berlin 1997.

Mit dem Film ist eine Freundschaft entstanden. Für mich ist beides eine Premiere. Doch zusammen mit ausgelassenen Freunden Filme zu drehen wird sehr bald zu einem meiner Lieblingsspiele. Im Lauf der Zeit haben wir eine ganze Reihe schlechter Streifen gemacht, dabei aber jedes Mal viel gelacht. Heute ist das Niveau höher geworden und wir drehen die Filme mit professionelleren Kameras und einem größeren Team. Manchmal ist sogar jemand verrückt genug, uns dafür zu bezahlen. Es wird immer besser. Tja, wenn man dem Kino erst mal verfallen ist ...

Leer von innen, glatt von außen
oder
Der Loser, den man
für einen Gangsterboss hielt

Jetzt gehe ich in die Oberstufe. Ich bin unsichtbar. In meinem Innern habe ich alles ganz tief vergraben. So tief, dass ich mich leer fühle. Keine Erinnerungen mehr, keine Zukunft. Die anderen haben gewonnen. Ich bin nur noch eine unwichtige, uninteressante Hülle. Ich störe niemanden und niemand stört mich. Mein Verhalten wird mir von außen diktiert. Ich habe keine Meinung mehr. In mir regt sich gar nichts. Ich bin leer, mache einfach zum Schein mit, gehe in der Masse auf. Ich bin nachlässig geworden, habe mich aufgegeben. Ich bin nichts. Ich spreche, wenn man es von mir erwartet, drücke aber nichts aus. Niemand weiß irgendetwas über mich. So wie ich jetzt bin, gefalle ich ihnen ganz gut, also lassen sie mich die zehnte Klasse wiederholen, um mich noch ein bisschen länger ihrer Mittelmäßigkeit auszusetzen.

Mein Leben außerhalb der Schule war nie besonders gelungen. Meine Mutter schrieb mich schon früh an der Musikschule ein und ich musste sie bis zum Alter von fünfzehn Jahren besuchen. Erst habe ich Geige gespielt, dann Klavier, Klarinette und schließlich Kontrabass. Jedes Instrument etwa zwei Jahre. Ich bin ihr dankbar dafür, auch wenn sich mir die Musik nie erschlossen hat. Bestimmt wegen meiner Verweigerungshaltung.

Ein bleicher Morgen auf dem Schulhof. Wir rennen. Zwanzig Minuten um den Hof. Ich renne mit. Bis zum Schluss. Im Rechteck gegen den Uhrzeigersinn. Ich habe etliche Runden Rückstand. Ich renne, komme aber nirgendwo an. Letzte Woche war Rugby dran. Ich habe einen Typen zu Boden gedrückt, der doppelt so schwer war wie ich, und respektvolle Blicke geerntet. Beim Fußball täusche ich Engagement vor, doch das merkt man mir an. Wegen mir, wegen meines Desinteresses verliert meine Mannschaft. Also lasse ich ab dem nächsten Tag die Heuchelei bleiben: Ich stehe dazu. Stehe dazu, dass ich einfach nicht da bin. Ich bin ein Schatten, eine Silhouette, ein Statist, dessen Auftritt bei der Montage sowieso weggeschnitten wird. Außerdem ist der Film schlecht und hat entsetzliche Längen.

Ein mittelmäßiger, introvertierter Schüler. Beteiligung am Unterricht: Keine.

Bei einer Sache mache ich engagiert mit: bei der Theater-AG am Mittwochnachmittag. Zwei Stunden die Woche. Theater erweckt mich, der ich zu nichts mehr Lust habe, zu neuem Leben. Sofort meldet meine Mutter mich in der regionalen Schauspielschule an. Zu jung, um offiziell an einer Schauspielklasse teilzunehmen, lässt man mich als Gasthörer mitmachen. Es hängt mir zum Hals raus, dass mir aufgrund meines Alters ständig etwas verwehrt wird. Das Theater erweckt meine Neugier auf die Welt und auf die anderen. Endlich ein Ort, an dem ich mich wohlfühle. Dort sind die Ansprüche hoch, und die Leute haben gute Laune. Mein in Schutt und Asche gelegtes Reich kann sich wieder erheben und mit den anderen tanzen. Ich weiß, dass der Regenerationsprozess viel Zeit benötigt, doch die raubt mir das Gymnasium.

Ich muss also dem Unterricht möglichst schnell entfliehen. Zum Teufel mit den Vorschriften! Das Theater und die Grenzüberschreitung werden zu meinem Freibrief, um mich davonzustehlen. Da ich aber nicht erwischt werden und ewig nachsitzen will, weil mir das die Zeit zum Proben nehmen würde, muss ich aufpassen, dass meine Grenzüberschreitung unentdeckt bleibt. Ich probiere Alkohol und Joints, Drogen, durch die meine endlosen Tage schneller verstreichen. Unterhaltsamer werden sie davon jedoch leider nicht. Immerhin

kann ich mir sagen, dass ich selbst für meine vorüber-
gehende Benebelung verantwortlich bin. Meine erhöh-
te Unaufmerksamkeit und Verwirrung fallen nicht weiter auf, denn vorher habe ich im Unterricht auch kaum
aufgepasst. Ich besorge mir einen Flachmann. Damit
kann ich mich auf dem Pausenhof unauffällig betrin-
ken. Frühmorgens fange ich mit Whisky oder Wodka
an. Ich entwickle mich zum Spezialisten für gefälschte
Unterschriften. Ein echter Betrüger. Mit Hilfe dieser von
mir unterschriebenen Entschuldigungen kann ich mich
öfter ins Theater flüchten, an den einzigen Ort, an dem
ich klar im Kopf bleibe.

Gegen Ende der elften Klasse, die aus wenig mehr als
einigen kleineren Diebstählen an der Schule und meinen glücklichen Fluchten ins Theater bestand, werde
ich zusammen mit meinen Eltern zur Schulleiterin be-
ordert. Auch sie, mit ihrem breiten Lächeln und ihren
beigefarbenen Kostümen, nennt mich Julien. In der
Schule wurde ich immer nur Julien genannt, und ich
habe es geduldet. Es hat mir gut gepasst. Auf diese Weise war ich einfach abwesend. Ich war nie bei ihnen. In
ihrem Büro sitze ich zwischen meiner Mutter und meinem Vater. Die Direktorin sieht mich mit einem Lächeln
an.

Man beschuldigt mich, eine das ganze Gymnasium unterminierende hochrangig kriminelle Organisation auf die Beine gestellt zu haben.

Beschuldigt mich, ein Drogenimperium aufgebaut zu haben und die Schlüsselfigur im schulischen Rauschgifthandel zu sein. Das alles selbstverständlich ohne jeden Beweis. Allein aufgrund einer anonymen Anschuldigung. Das Vichy-Regime lebt weiter. Aber das ist ja nichts Neues für mich.

Meine Eltern stehen unter Schock. Meine Mutter spielt die Rolle der aufgebrachten, untröstlichen Frau. Mein Vater übernimmt die des Moralapostels. Ich lasse die Direktorin ihre Lobreden auf meine Verbrechen halten, die Missetaten aufblähen, die ich begangen haben soll, und sogar zusätzliche erfinden. Das Porträt, das sie von mir zeichnet, ist Al Capones würdig. Das ist zu viel der Ehre, Madame, Sie überschätzen mich. Die Schulleiterin sagt, sie wisse nicht, was sie in Zukunft mit mir anfangen solle. Das trifft sich gut, denn ich wusste ab der ersten Minute nicht, was ich mit Ihnen anfangen sollte! Also trennen wir uns wenigstens in großem Einvernehmen. Sie wirft mir »kaltblütige Kriminalität« vor. Ganz recht, diese Form von Kriminalität ist tatsächlich kaltblütig. Denn die lernt man, wenn man die Schlauesten beobachtet. Es ist die Kriminalität derer, die über uns bestimmen, uns verurteilen und uns mit sinnlosen

Psychopharmaka vollstopfen. Es ist die einträglichste Art der Kriminalität und zugleich die, bei der man am wenigsten riskiert. Die Kriminalität all derer, denen Sie dienen, Madame, indem Sie uns dem sogenannten »Lehrplan« unterwerfen. Bei Ihnen habe ich sie gelernt. Aber für Ihren Geschmack wende ich mein Wissen wohl zu früh und zu schnell an. Doch was auch immer ich angestellt habe, es diente dem alleinigen Zweck, Sie zu verlassen, und zwar mit wehenden Fahnen. Dieses Ziel habe ich erreicht: Ich fliege von der Schule. Das Leben kommt endlich wieder zu seinem Recht.

Dort haben wir uns gefunden

Ich habe ganz Frankreich durchquert und betrete das Théâtre du Jour, eine Schauspielschule in Agen, zu der man mich nach einem Vorstellungsgespräch eine Woche zuvor zugelassen hat. Oder besser gesagt: Man hat mich aufgenommen. Mit offenen Armen. Weil ich selbst die Arme geöffnet hatte. Es wimmelt hier von Menschen. Die Wände sind voller Plakate, Zeugnisse der Aufführungen, des brodelnden Lebens und der Geschichte dieses Theaters. Es duftet nach Kaffee und Croissants. Hier hat man Hunger, man isst sich satt. Und ich bin ausgehungert, bereit, alles zu verschlingen.

Pierre Debauche, der Herr im Haus, großer Schal, Anzug und weiße Haare, erhebt sich. Heißt mich willkommen. Ich gehe ihm entgegen, wir umarmen uns feierlich.
»Komm um 14 Uhr zu mir auf die Bühne. Wir inszenieren den *Heiratsantrag*.«

So beginnt für mich das Abenteuer Theater. Mit Anton Tschechow. Ich beginne mit dem *Heiratsantrag*, mache mit der *Möwe* weiter, arbeite im Unterricht an *Platonow* und träume davon, ihn eines Tages zu spielen. Wir hauchen den Barrikaden der Pariser Kommune neues Leben ein, und Viktor Hugo souffliert mir in *Maria Tudor* den Text. All die anderen lasse ich unerwähnt, die Liste wäre zu lang. Zum ersten Mal lässt man mir Luft zum Atmen. Hier kann ich mich meinem Lieblingsspiel hingeben: Sprachen erschaffen. In »neuen Formen«, wie Kostja Treplew in der *Möwe* fordert. Jede Rolle ist eine Sprache, Schreiben ist eine Sprache, Inszenierungen sind eine Sprache. Sprache der Bilder, der Klänge und der Zeichen. Lernen, Gefühle zu lesen, zu spielen und gespielt zu werden. Akzeptieren, es mit einem anderen Menschen zu tun, mit ihm zu teilen. Ein Spiel mit Worten, mit dem Körper, mit Masken. Aber man darf nicht vergessen, dass sich hinter jeder Maske eine andere verbergen kann. Und das ist der Witz.

Selbst Schlampen flicken ihre Röcke
oder
Lucrezias Lehrstunde

Stellen Sie sich einen Schauspieler und eine Marionette auf der Bühne vor – die Marionette wird immer gewinnen. Spaziert eine Katze über den Bretterboden, gilt alle Aufmerksamkeit ihr, und die Schauspieler können nur noch einpacken. Warum? Weil weder Katzen noch Marionetten darauf angewiesen sind, eine Rolle zu spielen. Schauspieler sind zerbrechliche Wesen. Wie alle anderen Menschen müssen sie eine Rolle spielen, um zu existieren. Sie haben keine andere Wahl. Aber träumen sie nicht davon, so präsent, so elegant und spannungsgeladen aufzutreten wie Katzen, die diese Leistung ganz und gar mühelos vollbringen? Beim Théâtre du Jour gab es eine Katze namens Lucrezia. Sie lebte hinter den Kulissen. Wir hatten uns daran gewöhnt, dass sie mitten in den Aufführungen über die Bühne spazierte.

Eines Morgens sitzen wir auf dem Podium um Pierre Debauche, der uns Unterricht gibt. Er bemerkt einen riesigen, etwa zwanzig Zentimeter breiten Riss im Vorhang und fragt uns wutentbrannt, warum keiner von unserer vierzig Mann starken Truppe in der Lage gewesen sei, zu Nadel und Faden zu greifen und das Loch zu flicken. Der ganze Saal könne es sehen. Vielleicht habe der Vorhang den Riss sogar schon bei der gestrigen Aufführung gehabt. Welch einen miserablen, sagenhaft schlechten Eindruck unser Theater damit mache! »Selbst Schlampen flicken ihre Röcke!«, wirft er uns an den Kopf. Ein hartes Urteil, aber immerhin konfrontiert es uns mit unserer Nachlässigkeit. Mündlich oder schriftlich, egal, wie er seinem Ärger Luft macht oder seinem Wohlwollen Ausdruck verleiht, Pierre Debauche beeindruckt mich mit seinem Gespür für die richtige Formulierung immer tief, auch wenn er andere damit schockiert. In diesem Augenblick betritt Lucrezia die Bühne. Sie postiert sich vor dem Riss, bleibt kurz reglos stehen und macht dann einen Satz hindurch. Die vierzig Zeugen dieses Vorfalls lachen verhalten. Welch eine unglaubliche Replik auf die Wut des Meisters! Eine theatralische, lässige und unschuldig provokante Entgegnung. Voll ins Schwarze! Kein Schauspieler hätte das je geschafft. Die Atmosphäre entspannt sich, der Unterricht geht weiter. Am selben Abend ist der Vorhang wieder geflickt.

Warum? Oder Wie?

Warum sind die Hauptpersonen eines Stücks in diese Lage geraten? *Wie* sind die Hauptpersonen eines Stücks in diese Lage geraten? Unzählige Male habe ich erlebt, dass Schauspieler sich zwar fragen, weshalb etwas so ist, wie es ist, aber die Frage, wie es dazu kam, vernachlässigen. Dabei ist die Frage nach dem Wie konkret, während die nach dem Warum ausweichend ist und einen oft nicht weiterbringt. Unter diesem Blickwinkel bleibt vieles unerklärlich. Befasst man sich dagegen mit dem Wie, stößt man immer auf Elemente einer Antwort, weil man von Fakten ausgeht. Im Gegensatz dazu ist das Warum reine Interpretation. Wir erfahren ständig mehr darüber, wie das Universum entstanden ist. Aber warum es zu seiner Entstehung kam, wird wohl immer ein großes Rätsel bleiben.

Die Frage nach dem Wie hat mit Genauigkeit zu tun, und Genauigkeit ist universell. Sie findet überall Anwendung, bei Maßeinheiten für die Zeit und für Abstände, in der Geometrie, bei diversen anderen Parametern. Genauigkeit hat selbst außerhalb der Erde Gültigkeit, im ganzen Kosmos, nur nicht bei schwarzen

Löchern und dem ersten Tausendstel einer Sekunde nach dem Urknall.

Bei der Frage nach dem Warum geht es um Wahrheit. Und was kann es schon Persönlicheres, Individuelleres geben als die Wahrheit? Für jeden von uns kleidet sie sich in ein anderes Gewand. Die Wahrheit des einen ist die Lüge des anderen.

Bei Theaterstücken müssen die Schauspieler sich über das Wie einig sein. Nur so kann sich eine stimmige, kollektive Vision des Stücks herausbilden. Im Gegensatz dazu entwickelt jeder Akteur eine eigene Sicht auf das Warum, denn Gründe sind Interpretationssache. Jeder lässt seine Auffassung der Wahrheit seiner Rolle in die kollektive stimmige Interpretation einfließen. Und diese Wahrheiten treffen dann, sei es explizit oder stillschweigend, auf der Bühne aufeinander. So entsteht die schönste Lüge von allen: das Theater. Eine himmelschreiende Lüge voller Wahrheit(en).
Ein Stück, bei dem alle Schauspieler derselben Wahrheit anhingen, gäbe kein getreues Abbild der Welt, der wir mit unserer Darstellung verpflichtet sind – dieser Welt, auf der es ebenso viele Wahrheiten gibt wie Menschen. Ich glaube, ich könnte unmöglich mit einem Regisseur zusammenarbeiten, der versucht, mir meine Rolle oder meine Handlungen zu erklären. Das würde

ich als Zensur empfinden, als Verrat an meiner Integri-
tät, meiner Vision, und als Beeinträchtigung meiner
künstlerischen Freiheit.

Epilog

An alle, die …

An alle, die versucht haben, mich für alle Ewigkeit lebendig in meiner Totenstille zu begraben.

An alle, die mich in ihren Glashäusern und Gummizellen einsperren wollten.

An alle, die mich umbringen und meine Mutter auf dem Altar der Unwissenheit und des Obskurantismus opfern wollten.

An alle, die sich mit einem Wissen schmücken, das auf nichts anderem als Dogmatismus beruht.

An alle, die sich im Namen der Gleichheit an der Ausrottung des Andersseins beteiligen.

An alle, die unter dem Deckmantel der Pseudowissenschaft ihre Folterknecht-Phantasien ausleben.

An alle, die liebende Mütter kreuzigen wollen, weil sie die Liebe als etwas Obszönes empfinden.

An alle Inquisitoren und Fundamentalisten, die Altäre der Zerstörung, des Krankhaften und Mörderischen errichten.

An alle Kritikaster und Miesepeter, die Mutterliebe mit Inzest verwechseln.

Ihnen allen sage ich NEIN.
Nein, meine Mutter hat mich nicht zu sehr geliebt.

Ich bin geliebt worden.
Und habe selbst geliebt.

Barbaren seid ihr
oder
Was mir zum Glück erspart blieb

Eiskalte Tücher, ein Stoßtrupp von zwei bis fünf Mann gegen einen, und los geht's.

Nach dem Elektroschock, der Lobotomie und der Zwangsjacke heiße ich Sie zum großen Ritual des Packings* willkommen.

Ein Kind, das nicht spricht, eignet sich gut als Opfer. Es schlägt um sich, es schreit, wehrt sich. Ballett der Zelebranten, die es abwechselnd auf die sanfte und die harte Tour probieren.

Es dauert so lange, wie es eben dauert, und schließlich liegt das Kind ermattet da, die Arme eng am Körper.

Es ist in feuchte, eiskalte Tücher gewickelt. Sieben Tage die Woche wiederholt sich das, mehrere Monate lang.

Eine Mumifizierung. Fünf Grad kalte Stoffstreifen, den Körper auf 33 Grad abgekühlt, eine Dreiviertelstunde. Oder länger, wenn nötig.

---

* Eine bis heute in der französischen Psychiatrie angewendete Methode, die es in Deutschland nicht gibt (A.d.Ü.).

Während sein Körper sich allmählich wieder aufwärmt, sieht das Kind seine Peiniger an. Für gewöhnlich mit abwesendem Blick.

Vielleicht kommt ein Wort aus seinem kalten, stummen Mund.

Dann jubelt der Hohepriester dieses Ritus:

»Welch ein immenser Fortschritt!«

Sieben Tage die Woche, mehrere Monate lang.

All das, um zu diesem Ergebnis zu kommen.

Es gibt Schlimmeres, werden Sie sagen ...

Na klar doch, in Guantánamo.

Loblied auf die Norm

Vor lauter Sprechen über Julien beginne ich mich tatsächlich zu fragen, ob es sich nicht um jemand anderen handelt. Aber ich habe ja auch alles getan, damit er nie wieder auftaucht. Ich habe ihn unter großen Haufen schwarzer Erde lebendig begraben, habe ihn erstickt, enthauptet und fast vergessen. Ich bin sogar so weit gegangen, seine Existenz zu leugnen. Doch ich wusste, dass er früher oder später wieder in Erscheinung treten würde.

Auf einem Maskenball muss man sich maskieren. Das Wort »normal« hat keinerlei Bedeutung. Der reine Unsinn. Schwindel. Dennoch habe ich gelernt, mein Anderssein mit einer Maske zu bedecken. Aus Heuchelei? Hochstapelei? Nein, aus Überlebensdrang.

Sei über jeden Zweifel erhaben. Halte dich gerade. Sieh die anderen an. Halte ihren Blicken stand. Fuchtele nicht so mit den Händen herum. Erde dich und gehe los. Deine Bewegungen sind zu eckig. Entspanne dich. Die Anstrengung muss unsichtbar sein. Sei gelassen und setze ein inneres Lächeln auf. So ist es gut!

Der von Hugo entwickelte Kontrollzwang hat mich oft beschützt, doch er hätte mich auch zugrunde richten können, weil er mich in ein anderes Gefängnis sperrte. Das ist das Problem mit Waffen: Sie können sich jederzeit gegen ihren Besitzer wenden. In diesem Fall gegen mich.

Kurz bevor ich einen Schlusspunkt hinter diese Geschichte setze, fühle ich mich leer. Die Wörter sind in meinem Kopf durcheinandergeraten und bilden unzusammenhängende Sätze. Die Quelle ist versiegt. Das Flussbett ausgetrocknet. Die Spiegelung, die ich darin erkannt habe, ist verschwunden. Einzig der trockene Boden liegt vor mir.

Ich krieche durch eine Wüste. Ohne Luft und Wasser. Mit den Kräften, mit den Nerven am Ende. Ich schließe die Augen und blicke auf schwarze Erde.

Julien steht neben seinem Grab und fragt mich:
»Wer bist du?«

Hugo antwortet:
»Derjenige, der dich dazu bringt, mit den Menschen zu reden.«

Julien:
»Ohne mich bist du nichts.«

Hugo:
»Ohne mich stirbst du.«

Nach dem Sturm

Im Kopf jedes Menschen grollt ein Gewitter. Manchmal ist es so ohrenbetäubend, dass selbst die Gedanken verstummen. Man hat keine andere Wahl, als zu schweigen. Wenn das Gewitter vorübergezogen ist, hinterlässt es Verwüstung. Die Trümmer eines verlorenen Königreichs, das es wieder aufzubauen gilt.

Julien ist für eine Buchlänge zu neuem Leben erwacht. Jetzt schläft er friedlich. Efeu rankt sich um seinen Grabstein, Blumen sprießen aus der schwarzen Erde. Das Grab hat sich in einen fruchtbaren Garten verwandelt. Ein Vogelkäfig liegt auf dem Boden, umgekippt, leer. Die Turteltaube ist aufgeflogen und singt wieder.

Das Gewitter ist vorbei.

Ich lehne an unserer Trauerweide. Sie weint. Sie weint um mich.

Das Lachen behalte ich für mich. Ich brauche es.

Nachwort

Mein Kind der Abgründe

Von Françoise Lefèvre

Dreißig Jahre sind vergangen.

Heute bist du der Schriftsteller, Hugo,
und ich bin deine Leserin.

Deinen Text hast du in weniger als einem Monat verfasst. Beim Lesen begreife ich seine Dringlichkeit, ich entdecke deinen Schmerz und mir kommen als Erstes die Tränen. Wie konnte das Kind, das du gewesen bist, ein so kleines Kind, mein Kind, so viel Energie bündeln, um nicht auf der Welt sein zu wollen, nicht zu dieser Welt zu gehören? Vielleicht wolltest du aber auch einfach nicht zu dieser Gesellschaft gehören.

Wie ist es möglich, dass ein kleines, gerade einmal drei Jahre altes Wesen einen unerbittlichen Kampf gegen sich selbst und die anderen austrägt und als schonungsloser Stratege sein eigenes Chaos organisiert, um nicht auf der Welt sein zu müssen und um sich selbst zu beschützen?

Auf diesen Seiten erfährt man, wie vielen Abgründen, Spalten und Schlünden du ausweichen musstest. Um dich den anderen zu entziehen, musstest du eine Chinesische Mauer, Schutzwälle und Befestigungen errichten. Du hast dich an die Spitze einer Armee gestellt, auf einem unsichtbaren Schlachtfeld, wo du deine Geheimoperationen ausführtest.

Ein furchterregender Taktiker warst du, der seine hochkomplexen Manöver ausführte, wo immer wir uns gerade befanden. Im Flur, in der Küche, auf der Treppe, im Schlafzimmer, aber auch im Auto, auf der Straße, auf dem Bürgersteig, auf Plätzen und in Geschäften. Wir mussten auf jeden unserer Schritte achtgeben und die Hindernisse deiner imaginären Welt umgehen. Bloß nirgendwo drauftreten. Nur du kanntest den Grundriss deines Universums und kontrolliertest minutiös jede unserer Gesten auf deinem Territorium voll Minen und geheimen Fallen. Tote gab es dort, Gefangene, die auf ihre Hinrichtung warteten, schussbereite Infanterie-Regimente, Hügel, Brücken, Flüsse, Standarten, alte Klepper, Kerker, Zuchthäuser. Eine ganze gefechtsbereite Welt, über die du allein herrschtest. In der Küche und im ganzen Flur durfte man bestimmte Fliesen nicht betreten, verboten waren meist die weißen, seltener die schwarzen. Manchmal musste man zwei überspringen oder eine gleich zweimal überschreiten. Auf dieser durfte man stehen bleiben. Du lauertest dem geringsten Regelverstoß auf, besonders bei Besuchern, die zu uns kamen, aber auch bei Fremden auf der Straße. Im Handumdrehen wurden sie als Geisel genommen. Deshalb war ich jedes Mal völlig ausgelaugt, wenn wir das Haus für einen Termin, eine Besorgung, verlassen mussten. Sie rieben mich auf, deine Wutausbrüche, wenn jemand es wagte, sich auf dein Territorium zu begeben – dein Territorium voller Zwänge, total durchorganisiert, mit tödlichen Fallen ausgelegt, mit Kerkern, Verliesen, Barrikaden, unüberwindlichen Mauern, aber auch mit obligatorischen Verbindungsgängen.

Dass du unsere Welt ablehntest, habe ich immer verstanden. Ich habe es sogar bewundert. Du hattest mich von vornherein für dich eingenommen. Ich bestaunte deinen Widerstand. Vor allem aber glaubte ich, dass du dort, wo du eingesperrt warst – aber wo bloß? –, schrecklich leiden musstest. Deshalb versuchte ich, aus meiner Erschöpfung, die auf deinen Wahnsinnszorn folgte, neue Kraft zu gewinnen, um zu kämpfen, nicht gegen dich, sondern an deiner Seite. Ich war sicher, du würdest begreifen, dass ich deine Verbündete bin, dass ich dich liebe und nie im Stich gelassen hätte. Niemals hätte ich dich den sogenannten spezialisierten Institutionen ausgeliefert. Um keinen Preis hätte ich mir das, was ich als eine meiner schönsten Liebesgeschichten betrachtete, nehmen lassen. Auch meine Widerstandsfähigkeit entwickelte sich. Ich wusste, ich würde sie brauchen.

Manchmal habe ich mit dir zusammen gelacht. Ich habe viel gelacht. Das habe ich nie gewagt zu sagen oder zu schreiben. Ich tue es erst jetzt.

Da fällt mir der Besuch einer Parfümerie zur Weihnachtszeit ein. Du warst etwa fünf Jahre alt und hattest beschlossen, die Theken, die Verkaufsständer und die Kunden mit einem Geschenkband zu umwickeln, das du mit großer Ausgelassenheit abrolltest. In der langen Warteschlange vor der Kasse ließen sich das einige Kunden für eine Weile gefallen, andere lächelten milde, wieder andere waren furchtbar verärgert, vor allem, als du ihnen das Band um die Knöchel wickeltest und sie in der Schlange nicht weiter vorankamen. Ich glaube, du nahmst sie gefangen. Doch in jenem Moment bewegtest du dich in der realen Welt, musstest dich also mit echten Geiseln auseinandersetzen. Entnervte Frauen traten nach dir und versuchten, sich von diesem elenden Geschenkband zu befreien. Ich wusste, dass dein Geschrei den ganzen Laden erschüttern würde, ja sogar den Bürgersteig und die Straße, wenn ich einschritt. Die vom Einsturz bedrohten Pyramiden aus Parfümflakons nahm ich wahr, aber ich hielt es trotzdem für besser, wenn du dich mit all diesen Leuten auseinandersetzt, damit dir klar wird – jedenfalls hoffte ich das –, dass nicht jedes Verbot immer nur von mir ausgeht.

Ich helfe einer alten Dame, sich von dem Geschenkband zu befreien, das ihr gerade eine Laufmasche gemacht hat. Sie ist wütend. Ich bin dabei, dein Werk zu zerstören, wage es, mich auf deinen Kriegsschauplatz zu begeben. Du wirfst dich lauthals schreiend auf den Boden. Es hagelt unfreundliche Kommentare, böse Worte. Man hält dich für einen unerträglichen, launischen und verzogenen Bengel. Auf eine gewisse Weise stimmt das ja. Es hat keinen Sinn, Erklärungen abzugeben. Völlig unnütz. Ich ziehe es vor zu schweigen, versuche, dich auf die Beine zu stellen. Doch du wehrst dich mit Händen und Füßen. Da stehe ich nun, mit einem brüllenden Gnom in den Armen. Wir ringen miteinander. Schließlich bekomme ich dich, zitternd vor Erschöpfung, aus dem Laden. Trotz der Eiseskälte bin ich nassgeschwitzt. Ich versuche mit dir zu reden, dich zu beruhigen, doch du wirfst dich auf den Gehsteig und rollst in den Rinnstein. Du weinst und weinst. Weinst vor Ohnmacht. Weinst, weil du so klein bist. Unmöglich, an dich heranzukommen, dich zu trösten. Angesichts solchen Leids weiß ich nicht mehr, was ich tun soll. Ich balle die Fäuste in den Taschen und blicke zum Himmel auf. Er ist blau. Aber kalt. Ein wirklich kaltes, hartes Blau.

Im Jahr 1990 erschien mein Buch *Stummer kleiner Prinz*. Du warst damals acht Jahre alt, und ich erzählte unser Abenteuer. Sehr viele Menschen lasen den Titel, er trug dazu bei, die Sichtweise auf den kindlichen Autismus zu verändern. Ich machte mir aber auch viele Feinde. Psychoanalytiker, Pflegepersonal, Vereine von Eltern autistischer Kinder … Es war sogar eine Jugendpsychiaterin dabei, selbst Mutter eines autistischen Kindes, die behauptete: »Im Grunde genommen stellt Madame L. uns in ihrem Buch als schlechte Mütter dar.« Damals wie heute glaubte und behauptete man, es gebe keinen Weg aus dem Autismus. Das hing mit den von Bruno Bettelheim in seinem Essay »Die leere Festung« formulierten Thesen zusammen. Der Autismus ist eine Festung, das stimmt, aber sie ist ganz und gar nicht leer, sondern vollständig bewohnt. Schrecklich bewohnt von einem in sich selbst gefangenen, hochsensiblen, gefährdeten Wesen. Mit jeder Faser meines Seins spürte ich dein schreckliches Leid, aber du warst mir auch fremd. Diese Unmöglichkeit, sich zu verständigen. Ein bei lebendigem Leibe eingeschlossenes Wesen, das warst du damals.

Nach einer unerfreulichen, deprimierenden Sitzung im Krankenhaus, bei der ich das Gefühl hatte, man gab mir, der Mutter, die ganze Schuld, beschloss ich, mit einer solchen Behandlung aufzuhören und lieber meine Kräfte zu schonen, um uns zu retten. Ich durfte ihnen keinen

Millimeter nachgeben, mich nicht in dieses schwarze Loch ziehen lassen. Ich wollte Wege erschaffen, um auf dich zuzugehen. Eine andere Sprache wollte ich erfinden, in deine Welt eindringen. Instinktiv wählte ich eine Methode, die man auch in anderen Ländern anwendete: Ich förderte dich von Anfang an intensiv. Wir mussten uns von jeder offiziellen Behandlungsform distanzieren. Ich lehnte mich gegen die Selbstgefälligkeit, die Fahrlässigkeit, Arroganz, Dummheit und die dogmatische Einstellung auf, mit der man sich uns widersetzte.

Selbst heute, dreißig Jahre später, hat sich kaum etwas geändert. Immer noch stößt man auf dieselbe sinnlose, auf der Psychoanalyse basierende Bevormundung und andere gleichermaßen demütigende oder gar brutale Praktiken. Fürchterlich ineffiziente Methoden, bei denen man bloß abwartet, wie sich die Dinge entwickeln, und die zudem unser Gesundheitswesen ruinieren. Das gilt beispielsweise für das Packing, das du in dem Kapitel »Barbaren seid ihr *oder* Was mir zum Glück erspart blieb« beschreibst. Aber heute bewegt sich immerhin etwas bei den Eltern autistischer Kinder und bei manchen Pflegern. Ganz allmählich erkennt man die Fundiertheit der intensiven Frühtherapien, die aus anderen Ländern zu uns gekommen sind.

In einer Schlüsselszene, die du auch in deinem Buch beschreibst, verlangtest du von mir, dass ich dir einen anderen Vornamen gebe. Du warst sechs Jahre alt. Ich fragte dich, warum du als kleines Kind weder sprechen noch kauen noch deinen Darm entleeren wolltest – Letzteres nahm sogar so dramatische Formen an, dass du wegen eines Darmverschlusses notoperiert werden musstest. Du antwortetest mir: »Weil ich in deinen Bauch zurückwollte.« Diesen Satz empfand ich als Geschenk, aber als erschütterndes Geschenk. Warum? Weil du mir damit etwas Essenzielles enthülltest, was deinem Denken, deiner Logik, deiner Verzweiflung entrissen war. Du sagtest mir etwas, wodurch ich deine Verweigerungshaltung gegenüber der Welt verstehen konnte. Du gabst mir den Schlüssel. Ich war einverstanden, dich Hugo zu nennen. Du batest mich, Julien zu vergessen, der mit deinen Worten: »dorthin zurückgehen soll, wo er herkommt«. Julien war es, der in meinen Bauch zurückwollte, nicht Hugo. Dir zufolge musste Hugo Julien verlassen, um sich in unserer Welt zurechtzufinden, und auch ich musste ihn verlassen. Da wusste ich, dass ich Hugo noch lange Zeit begleiten muss.

Dieser Satz war ein Danaergeschenk, auch weil ich damals, als alles noch dem Dogma der Allerweltspsychoanalyse unterlag, niemandem davon erzählen konnte. Was hätte ich schon zu hören bekommen? Sie will ihn für sich behalten, will nicht loslassen. Sie ist eine dominante, verschlingende Mutter et cetera. Einmal mehr habe ich geschwiegen und nur an deinen Mut gedacht, mir von deiner Not zu erzählen und ganz allein eine Lösung zu finden. Diesen Satz hast du erst heute wiederholt. Dreißig Jahre später beschreibst du die Szene in dem Kapitel »Hugo gegen Julien«. Und du erklärst dich damit.

Du hast dich entschieden zu schreiben. Wer könnte deine Geschichte besser erzählen als du selbst? Wer erinnert sich besser als du? Wer könnte besser darüber schreiben und reden? Erzählen, wo du herkommst.

Polemik bestimmt heute die Debatte um den Autismus. Anhänger der Psychoanalyse und Befürworter der Frühtherapie prallen aufeinander. Man stellt immer noch keine Frühdiagnosen, füttert autistische Kinder weiter mit Neuroleptika und sperrt sie immer noch ein. Auf dass sie keinen Ausweg finden.

Ich habe zwar Tränen vergossen, als ich deinen Text las, mich aber auch mit Freuden erinnert, wie es war, in deiner Kindheit deine Mutter zu sein. Mit dir zusammen habe ich viel gelernt, Hugo – Geduld, Widerstandskraft, Toleranz und Unverfrorenheit.

Mit sechs Jahren erzähltest du mir: »Wenn ich träume, halte ich ein Bild fest und trete in den Traum ein. Dann bin ich frei.« Heute erschaffst du diese Bilder selbst. Du bist Regisseur, Schauspieler, Schriftsteller.

Gute Reise, Hugo!

Es ist wunderbar, deine Mutter zu sein.

Inhalt

III Die schwarzen Jahre

IV Theater und Grenzüberschreitung

Epilog

Nachwort